感受语言之美

兼论编辑的审美素养

李新涛 / 著

GANSHOU YUYAN ZHIMEI

JIANLUN BIANJI DE SHENMEI SUYANG

中国社会出版社

国家一级出版社 · 全国百佳图书出版单位

图书在版编目 (CIP) 数据

感受语言之美 ：兼论编辑的审美素养 ／ 李新涛著
．－－ 北京 ：中国社会出版社，2022.4
ISBN 978－7－5087－6752－9

Ⅰ．①感... Ⅱ．①李... Ⅲ．①汉语－语言美学－研究
Ⅳ．①H1

中国版本图书馆 CIP 数据核字 (2022) 第 059484 号

出 版 人：浦善新		终 审 人：李　浩	
责任编辑：孙武斌		责任校对：高星河	
封面设计：王　强			

出版发行：中国社会出版社　　　　地　　　址：北京市西城区二龙路甲 33 号
邮政编码：100032　　　　　　　　编 辑 部：(010)58124863；58124841
网　　址：shcbs.mca.gov.cn　　　发 行 部：(010)58124864；58124848
经　　销：新华书店

印刷装订：北京虎彩文化传播有限公司　　开　　本：160 mm×230 mm　1/16
印　　张：15.25　　　　　　　　　　　字　　数：150 千字
版　　次：2022 年 4 月第 1 版　　　　印　　次：2022 年 4 月第 1 次印刷
定　　价：37.00 元

中国社会出版社微信公众号　　　　　　　中国社会出版社天猫旗舰店

美是最彻底的疗愈

从神经生物学的角度来看，"审美"这个词是不对的，美不是审出来的。美，就是一瞬间的感觉，比审快多了。当然，这并不妨碍我们用"审美"这个词来表述一个人对美的感受能力。

事实上，当这个"美"字刚一映入眼帘，我们就不由自主地感受到了一种美的感受。同样，"丑"这个字也会让我们心里涌现出一股丑的感受。

可见，"美"这个字在某种程度上就直接等同于美，"丑"这个字在某种程度上也直接等同于丑。"美之为美，斯恶已"。自来美丑不两立，这样的等号思维根本上是源于大脑节能化运作的底层机制，除非我们刻意保持觉察，否则是无法避免的。

这种文字冤狱更典型的代表是"射"和"矮"这两个字。从字义来看，如果我们审上一审，就该是寸身为矮，委矢为射才对。

但我们每天都浸泡在语言之美或语言之丑中，就像"久居芝兰之室，不闻其香；久入鲍鱼之肆，不知其臭"，我们其实已经放弃了审辨能力，而任由语言文字激发出来的感受牵引我们首鼠两端、心潮起伏。

正是这样的认知特性，使得人类拥有了通过语言文字来创造美的能力。

当我们不假思索地把文字的字音、字形、字义与某种感受关联起来，语言文字就成了感受的热键，就可以充分调动一个人的内在情感而使美成为一种可能。所以，美并不是一种客观存在，而是人主观创造出来的一种感受。正如王阳明所说的："你未看此花时，此花与汝心同归于寂；你来看此花时，则此花颜色一时明白起来。"

当一个中国人看到"落霞与孤鹜齐飞，秋水共长天一色"的时候，油然而生的是天地有大美。但如果是一个不认识汉字的外国人看到之后的感觉和看"远看泰山黑乎乎，上头细来下头粗"又会有什么区别呢？

同样，当一个不认识英文的中国人，看到"The best and most beautiful things in the world can not be seen or even touched, they must be felt with heart"时也是无动于衷的，直到有人将其翻译成中文"世界上最美好的东西是看不见摸不着的，必须用心去感受"。这完全是字面直译。如果译成"世上至美之物，只可意会，不可言传"，带给人的感受是不是就大不相同了呢？

美就是非常主观的一种感受，这种感受在很大程度上就是"只可意会，不可言传"的。语言并不完美，但我们也只能凭借这并不完美的文字来创造美、表达美、传播美。

上述种种，实际上是语言文字学、心理学和美学的交叉领域，李新涛女士的这部专著开创性地将这个全新的领域定义为语言心理美学，并划定了其阐述的范畴：

> 语言之美是语言经过人的大脑加工和心理活动，运用想象、类比、移情等方法调动身体的感觉知觉进行的一种人文创造。
>
> 这种人文创造，会受到文化环境、个人的经历和素养、时代变迁等因素的影响，但最重要的依托是人类生活的经验积淀以及与生俱来的想象能力。

由此延伸开去，我们的阅读、我们的写作、我们的交谈，本质上都是基于文字的创造。我们的内心因为创造出来的美而感动、快乐、平静似水；我们的内心也因为创造出来的不够美而遗憾、悲伤、坐立不安。

当我们感受到美，并在美中与美共鸣，与美化为一体，我们才真正体会到风月同天的宇宙一体感。人生困难重重，乐观的人，不是未曾历经艰险，只是他们具备了创造美的本能或者掌握了与美共舞的方法而已。从这个角度来看，疗愈的本质是美的共鸣，或者说，只有美才是真正的疗愈。

语言并不完美，我们有很多深层次的复杂感受是无以言表的。但我们所能凭借的最有效的工具依然还是语言。"知君用心如日月"，言不及义也就不成为困扰了。

语言心理美学的价值，就在于为我们揭开了这一层轻纱，让我们得以有意识地去探寻语言之美、去创造语言之美、去运用语言之美。

世界并不完美，人生并不完美，语言并不完美，文字并不完美，只有美是完美的。但这就足够了。

生命因艰难而美，人类因美而疗愈。美是最彻底的疗愈，美是这一生的终极意义。

陈禹安

2022 年 4 月 10 日于北京慈云寺

规矩与突破：编辑、文字与美

身为编辑，主要的职责就是让一众文字规矩地出现在读者面前。我们几千年的历史，浩如烟海的典籍，文字之所以可以穿越时空在新时代依然散发出无限的魅力，离不开一代又一代的规矩与传承，但是，这些文字，又在规矩之下活泼泼地新鲜着、生动着，所以，语言的发展必然离不开对规矩的突破。

什么时候规矩，什么时候突破规矩，是所有文字工作者不时需要思考的问题。只是对于编辑而言，这个问题更需郑重，更像是一种能力。他们既要编辑加工、参与创作，又要作为读者阅读欣赏；一方面需要准确理解作者的意图，保留其语言韵味，另一方面需要考量作者的语言传达到受众面前的感受。

在层层审稿环节中，规矩，还是突破规矩，这的确是个问题。

我在编辑《心理三国三部曲》(《心理关羽》《心理诸葛》《心理曹操》)的时候就不停地遇到这个问题。

记忆最深的是写书中曹操行刺董卓不成逃跑那一段：

行刺不成的曹操却骑着董卓刚刚赏赐给他的良马一溜烟跑了。这怎么不让董卓气得七窍生烟呢？

有意思的是，太阳底下真的并无新事，历史不过是相同桥段的不断重演罢了。这次曹操骑着董卓赏赐的好马背叛了董卓，日后关羽也骑着曹操赏赐的宝马离开了曹操。

恩将仇报当然会引发疯狂的报复，这也是互惠硬币的另一面。董卓立即下令，遍行文书，描其模样，画影图形，星夜捉拿曹操。捉住者赏赐千金，封万户侯。

曹操狼奔豕突，昼伏夜出，直奔谯郡而去。谯郡是曹操的故乡……

问题来了，曹操独骑逃跑还用了形容一群人的"狼奔豕突"，显然不合这个成语的使用规矩。但曹操刺董是恩将仇报，董卓的报复便非常疯狂："遍行文书，描其模样，画影图形，星夜捉拿"，在这样紧锣密鼓的四字排比铺垫下，曹操单人独马仓皇出逃仿佛跑出了一群亡命之徒左冲右撞的狼狈与绝望。

狼奔豕突在这里并不违和，甚至还有点酣畅淋漓。

这几部书中，作者陈禹安先生行文本就飞扬肆意，心理说史的写法也是首次尝试，就狼奔豕突的气质而言，留下它也并非不合时宜。

我决定保留这个显然不合规矩的使用。

为我审稿的宋亦工先生具有很深的文字功底，狼奔豕突的"误用"自然难逃他的法眼，他斟酌再三，也同样选择保留了陈禹安先生的风格。

当然，曹操还是没能逃过董卓的天罗地网，在中牟县被捕入狱，"到了晚上，中牟县令叫亲信随从从牢中取出曹操，带到后院"。一个"取"字，一代枭雄此刻如同一个物件不能自主的无奈便跃然纸上。

这部书保留了许许多多这样任性的用词。

固然，文字主要用来交流思想，但"言之无文，行而不远"，含英咀华，若有好的语言相助，便"觉词句警人，余香满口"，阅读才不啻为人生至乐。

记得孩子小时候，有一次请家长参加学校的语文公开教学课，当天老师讲的是《语言的魅力》，文章讲述了这样一个故事：一位双目失明的老人，因为生活所迫，不得不在街上乞讨，在她身旁，立着一块木牌，上面写着"我什么也看不见！"但是，整整一天过去了，老人什么也没有乞讨到。这时，一位著名诗人走到老人跟前，悄悄地在木牌的那行字前面加上几个字。木牌上的字变成"春天到了，可是我什么也看不见！"来来往往的人都停下了脚步，纷纷在老人面前放下零钱。

春天能勾起人无限的美好想象，"那蓝天白云，那绿树红花，那莺歌燕舞，那小桥流水，怎么不叫人陶醉呢？"但是，这个贫困交加、风烛残年的老人，从来没有见过春天，甚至，连饭都吃不上。春天的意象，激发出人心底的善良与同情，语言的魅力不言自明。

然而很可惜，那时的老师总是喜欢把文章拆解得七零八落，附会许多中心思想和段落大意。最终使得最该关注、最有欣赏价值、最美最动人的那句话被忽视。

那种隔靴搔痒的遗憾，许多年间时时来袭。

《感受语言之美》这本书，大概就是这两件事播下的种子，然而，当我真的开始着手收集资料、整理思路的时候，发现自己给自己挖了一个超级大坑：这是一个大到不可思议的命题，几乎无从下手，可能连隔靴搔痒都难。

语言、心理、美学，三个领域，研究著作汗牛充栋，每一个词仅定义就有千千万万个，再加上感受是心理活动，精神范畴的东西，看不见摸不着，不可描述却要用语言来描述；美感本来就是非常个性化的感觉，形态各异，不在语言之中，却要用语言来表达；语言本身就是个不确定的概念，口头语言、书面语言、视觉语言、画面语言、符号语言、内心语言……

但是，感受语言，是作为一个编辑不得不面对的问题和不得不提升的能力，也是一个阅读者面对文字时的自然反应。

于是，我硬着头皮首先把本书所涉语言限定为书面语言，为了表述方便，书中语言和文字的使用并未作严格区分，一般情况下，均指书面语言。然后，以阅读者的立场，从文化积淀、感觉统合、语言美感变迁及图书语言的情绪调动等层面，对心理活动和美的感受进行阐述，试图回答为什么我们会感受到语言的美这个问题，或者说，试图找到语言审美中人文创造的痕迹。当然，文化的积淀、感觉统合的能力、了解语言的变迁及对图书语言的娴熟运用，也是一个编辑在从事编辑出版工作时应该具备的能力。

记得北京大学陈平原先生在一本书中提到过，自己不善饮酒，导师王瑶先生说学文学不会喝酒，太可惜了，于是，他找到苏东坡不善饮酒的证据，以证明自己尚有学文学的资格。这当然是文人佳话。

苏东坡的诗词常常提到醉酒，我对酒的好感也缘于此，谁知他竟不善饮酒。不过，他自己在《和陶饮酒二十首引》中老实交代了"吾饮酒至少，常以把盏为乐"，饮酒至少，也不影响以把盏为乐。

此时想起这段故事，心里还是有些许安慰的，本书的写作有似于此，虽然这个题目难以把握，但也不影响我写出一己之见，以此为乐，并试图抛砖引玉，引起同好对这个领域的关注。

李新涛

2022 年 3 月于北京二龙路

目　录

第一章

语言心理美学：感受语言的美

美在每个人眼中都不一样，每个人对美的感受也不一样。

正如德国哲学家叔本华所说那样：人人都在生活，好像生活在同一个世界上，但实际上每个人眼中的世界是不一样的。

很多事物都会带给我们美的感受，比如如画的风景，比如悦耳的乐曲，比如温暖的触摸……

当然，抽象的语言也能经由视觉、听觉产生的想象而带给我们心理上的美感。

这就是语言心理美学所要阐述的范畴。

语言美是语言经过人的大脑加工和心理活动，运用想象、类比、移情等方法调动身体的感觉知觉进行的一种人文创造。

这种人文创造，会受到文化环境、个人的经历和素养、时代变迁等因素的影响，但最重要的依托是人类生活和进化中不可或缺的想象能力。

想象是人类的生命能力

德国哲学家黑格尔曾说，最杰出的艺术本领就是想象。想象是我们感知语言表达内涵、进行人文创造的最基本的能力。离开想象，我们就很难感知到语言的美。

元代散曲家马致远有一首小令《天净沙·秋思》："枯藤老树昏鸦，小桥流水人家，古道西风瘦马。夕阳西下，断肠人在天涯。"一共 28 个字，每一个字看上去都平淡无奇，但组合在一起，瞬间让人眼前有景、心中有情，所以，在唐诗和宋词之后，这首小令的语言依然难掩其美的光芒。

眼前景、心中情从何而来？当然是读者的想象。

"藤""树""鸦"，"道""风""马"，我们日常都很熟悉，人很难想象一个没有见过的事物，但熟悉的事物很快就能被人脑具象化，藤是枯的，树是老的，乌鸦在黄昏中，总给人一种萧瑟之感；道路很古老，西风很凄冷，一匹瘦马在寒风中疲惫羸弱，这些具象的动物植物、自然风景如同一幅画，就那样呈现在我们眼前，这是谁眼中的景？行走天涯的游子，孤独的羁旅，断肠的愁绪，在"小桥""流水""人家"这样富有烟火气的场景映衬之下，更是升起一种"热闹是他们的，我什么也没有"的寂寥。

"小桥""流水""人家"并没有用带有感情色彩的词来修饰，但这个场景如东晋陶渊明《归园田居》（其一）所写："暖暖远人村，依依墟里烟。狗吠深巷中，鸡鸣桑树颠。"自带静谧的生活气息，还有家的温暖。

语言之美，并非只是源自语词自身，而在于语词唤醒了我们的日常经验，并且利用大脑的完形能力，营造出了充满想象力的画面与感觉，游子的感受，自己的感受，这所有的感觉都是人们依托想象创造出来的。

想象是一种先天的生命能力，这种本领是人的本能，与生俱来，在人类进化的过程中，没有想象力的人更容易遭受危险。

在远古时代，女人在离洞穴不远处的树上摘果子，这时候不远处传来了动物的叫声，一听到这个叫声，女人立即拉起孩子躲回洞穴。这个过程其实就是想象的过程，可以这样理解，凭借动物的叫声这个碎片信息，女人调动大脑的感觉器官架构出这样一个故事：远处，一只老虎飞快地跑到树下，吃掉了正在摘果子的同伴，连不远处玩耍的孩子也没有放过。所以，她选择赶紧逃跑。

如果没有从叫声想象到老虎的样子，没有从老虎想象到同伴被吃的情节，女人还在悠闲地摘果子，老虎来了是什么结果？结果是，这些人根本不会生存下来，没有想象力的人在进化的过程中都被淘汰了，所以说，想象是人与生俱来的能力，是基因里携带的本领。

人类运用想象能力不断地发明和创造着我们生活的世界，推动着文明的进步。爱因斯坦说过："想象力比知识更重要，因为知识是有限的，而想象力囊括了世界上的一切，推动着进步，并且是知识进化的源泉。严肃地说，想象力是科学研究中的实力因素。"比如，瓦特发明蒸汽机、乔布斯开发苹果，都和人类的想象不无关系。

有研究表明，两岁的孩子可以通过想象做游戏，通过想象区分真实的世界和虚拟的世界，三岁的孩子会用语言讲述故事。故事叙述是一种认知游戏，能够锻炼我们的心智，让我们模拟周围的世界。

用语言讲述故事，在我们生活中占据着重要的位置。几乎每一个小孩子都是在祖父母的故事中，感知和建构起自己的世界，故事播下了美的种子，播下了思想的种子，不知不觉塑造了孩子的人格。

讲故事是用语言进行想象的过程，这在成年人的世界里同样重要。人们认为，成年人平均每天花 6% 的清醒时间在不同的屏幕上欣赏虚构故事。作家进行的文学创作，普通人热衷的八卦，本质上都是在讲故事，我们看小视频、游戏、追剧、追星，其实质都是使用不同的表达语言通过大脑架构故事，都是在想象一个虚拟的世界。

《人类简史：从动物到上帝》一书的作者赫尔利更是思路新奇，把人类发展的动力归结为想象力，他认为，上帝、货币、金钱、国家、公司等都是人们想象出来的一个又一个故事和概念。正是这些虚构的故事让人类成为唯一能够进行大规模有效合作的物种，从而获得统治世界的力量。

故事的力量和美的感受

赫尔利的说法不无道理，故事就是使用语言讲述大脑在外界因素作用下进行的想象的过程，这个过程，促进了语言和认知的发展。语言和认知，对人类的进化发展非常重要。

以色列历史语言学家盖伊·多伊彻创作了这样一则故事：

女孩水果摘　转身　猛犸象看见

女孩跑　树到达　爬　猛犸象树摇晃

女孩喊叫喊叫　爸爸跑　长矛投掷

猛犸象吼叫　倒下

爸爸石头拿起　　肉切　　女孩给

女孩吃　　吃饱　　睡觉

整个故事没有语法规则，也没有逻辑，但不论是哪个国家的人，都听懂了这个故事。

这是因为，人类根据现实生活，或者是可能的现实生活，自动给这些词语匹配了组合排序的规则，这个能力被加亚·文斯总结为"抽象关系的应用"。"抽象关系的应用，让我们不再需要在事情发生的地方、在所有人都在场的情况下讲故事，我们可以用语言再现所有的故事元素"①。

在今天看来，用语言再现故事实在是太简单了，但是将时间退回到几千年前，就会发现，这实在是人类进化的伟大一步：自此，人们可以用故事记录自身历史；人们通过故事传播社会的文化传统和价值观念；人们用故事擘画发展蓝图，推动社会发展。

故事也在一个人的成长中承担起开启智慧、塑造人格的重任。或者是家族的旧事，或者是民间的传说，我们从中第一次认识这个世界、第一次体会美丑善恶、第一次感受不一样的生活、

---

① ［英］加亚·文斯.人类进化史：火、语言、美与时间如何创造了我们［M］.贾青青，等，译.北京：中国出版集团，2021.

第一次体会语言的力量。

小时候第一次体会故事的魔力和语言的力量是在阅读传统故事集《一千零一夜》的时候。

《一千零一夜》故事是这样设计的：

古时候，相传在印度和中国的众岛屿间，有个萨桑王国，国王的两个王子，哥哥舍赫亚尔和弟弟沙赫泽曼各称王一方，但不幸的是，兄弟俩先后发现自己的王后出轨黑奴，秽乱后宫。沉浸在伤心和耻辱中的兄弟俩来到森林后，发现魔鬼的妻子也是个荡妇。对女人绝望至极的兄弟俩，回宫后杀死了自己的妻子和她们的情人。哥哥舍赫亚尔更是宣布要报复女人，他每天晚上娶一个处女，天亮时就将她杀死，以致三年之后，举国都找不到一个可供国王虐杀的姑娘了。

正在宰相万般为难，深恐国王怪罪时，他的大女儿莎赫扎德挺身而出，要父亲把自己送进王宫，宰相给女儿讲了《毛驴、黄牛和农夫的故事》，试图阻止女儿这个顽固和愚蠢的想法。在阿拉伯故事中，为人处世的道理全都是用故事表达的，所以，听故事的人不但要有想象力，还得有悟性。莎赫扎德当然听懂了父亲的意思，却依然坚持要进宫。宰相根本拧不过女儿，只好准备好嫁妆，把莎赫扎德送到了王宫。

莎赫扎德虽然固执，但并不是想去送死，她只是想挽救王国内那些可怜的女人的生命，她让妹妹杜娅扎德和她一起进宫，做她的帮手。婚礼当天，等到姐姐和国王欢爱结束后，杜娅扎德就请求姐姐讲一个故事。

她们的计划成功了，国王同意了莎赫扎德讲故事。

莎赫扎德每晚讲一个故事，一直讲到天亮，故事引人入胜，把国王引入一个想象中的世界，然后给故事留个尾巴，戛然止声。国王想要听到故事的结局，就得允许莎赫扎德多活一天。她们用这样的方法坚持了一千零一夜。

在《一千零一夜》中，莎赫扎德既是故事的讲述者，也是故事中的主要人物。她一出场就命悬一线，自己能不能活命，这个王国剩下的女人能不能活命，都取决于她能不能讲好故事。

莎赫扎德很幸运，她的故事完全吸引了国王，所以，每一个故事的结尾几乎都是这样的：

　　讲到这里，眼见东方透出了黎明的曙光，莎赫扎德戛然止声了。

　　妹妹杜娅扎德说："姐姐，你讲的故事多美、多甜、多有趣呀！"

莎赫扎德说："如蒙国王陛下厚恩，能再留我一夜，这与我明晚将要讲的故事相比，就算不上什么精彩、美妙、动人了。"

听莎赫扎德这么一说，舍赫亚尔国王心想："凭安拉起誓，我不杀她，也好听她讲下去。因为她讲的故事太奇妙啦！"想到这里，他说：

"我要把故事听完，明晚你接着讲吧！"他们相互拥抱，安歇到天色大亮。

清晨，国王上朝理政。宰相和文武大臣朝拜完毕，国王埋头审理奏折案卷，发号施令，颁布任免诏书，直到日将西沉，方才返回寝宫。①

这个结尾一出来，大家都松了一口气，好吧，可以多活一天了。

《一千零一夜》本身就关乎一个人的生死，故事讲得好就可以活着，讲得不好就得死，这个故事的设计和想象独具匠心。

《一千零一夜》的结构很有吸引力，采用故事嵌套故事的形

---

① 一千零一夜［M］.李维中，译.银川：宁夏人民出版社，2006.

式，将许许多多独立的故事套在一个大的叙事框架下，由莎赫扎德将一个一个的故事串联起来。

莎赫扎德在每一个故事的结尾都留下一个引人入胜的悬念，就像我国的章回小说，或者是评书表演者，总是在关键时刻来一句"欲知后事如何，且听下回分解"，吊足了人的胃口。只要能让国王深深地沉迷于她的故事中，莎赫扎德就能确保自己是安全的。

这样的设计，必须满足一个基本的要求，就是故事要足够吸引人，所以《一千零一夜》采用"连环套"式的嵌套结构，和俄罗斯套娃一样，大故事里面套上小故事，小故事里面还有小小故事，每一个故事都得制造悬念。

莎赫扎德用语言创造出了一个新奇的世界。

那里有巴格达的集市，有偏远的森林，有战场，有监牢，有王宫殿堂，有茅屋村庄；有国王与平民，有商人与魔鬼，有能说话的动物，有充满智慧的哲人；有日常的生活，也有精彩的旅程。故事从一个悬念连接到另一个悬念，从一个场景转换到另一个场景。

而我们也跟着莎赫扎德翻山越岭、天南地北，开始了充满奇异色彩的梦幻之旅，从一个故事情节转到另一个故事情节，从一个主人公转到另一个主人公。有时候很冷静，有时候很愤怒；有时候很愚蠢，有时候很智慧；有时候很淡定，有时候很着急。这整个过程，完全依赖两个好帮手：语言和想象。

就这样，一千零一夜过去了，莎赫扎德给国王生了三个儿子，国王也在故事中治愈了，他接受了对婚姻的不忠和对婚姻的忠贞都是生活的一部分这样的现实，也重燃起一个国王对于王国的责任，当然，他放弃了每晚杀害一名女子的残忍做法。

命悬一线的莎赫扎德终于在我们的牵挂中，等来了一个美好的结局：与舍赫亚尔成婚，成为国王的妻子。而请求姐姐讲故事的杜娅扎德则嫁给了国王的弟弟。

最后一个讲述者的故事也讲完了。

故事是可以救人命的，这是小时候对故事能量最直观的感受和认识。

《一千零一夜》虽然只是民间故事，今天看来也有许多不足，但它影响了后世许许多多的作家如薄伽丘、莎士比亚、塞万提斯等人的创作，也留下了魔戒、魔杖、魔法、仙女、巫师、封印、飞毯，神秘的宫殿以及梦等诸多的故事元素，相信这些元素今天我们都不陌生。

人类的历史也是从故事开始的。

　　几乎所有的文明创世的历史都是以故事的形式存在，先民们无一例外用奇幻的神话，描述了万物的产生和人类的起源，用神灵和魔力表达了自己对宇宙和世界的理解。

　　人类学家加亚·文斯在对人类进化史的阐述中，把"故事"这个词的含义等同于"历史"。事实上，它们几乎可以画上等号。

　　在这些创世故事中，语言都具有无比巨大的力量。

　　在《圣经》创世纪的故事中，神直接用语言创造出了宇宙万物，神说："要有光。"于是，就有了光。神说："诸水之间要有空气，将水分为上下。"于是，神就造出空气。昼夜、飞鸟、野兽，包括海里的鱼、空中的鸟、地上的牲畜和全地的人，都是这样创造出来的。

　　这些故事口口流传，一代一代传递下来，直到有了文字，开始用文本记录下来。

　　文字在我们的国家也是带着神性出现的，惊天地，泣鬼神。

　　《淮南子·本经训》中记载："昔者仓颉作书，而天雨粟，鬼夜哭。"据说，仓颉造字以前，人们结绳记事，大事打一大结，小事打一小结，相连的事打一连环结。绳结不够用了，就加上贝壳，后来，又发展到用刀子在木竹上刻画符号以记事。随着人类历史的发展，文明渐进，事情繁杂，名物繁多，以往简单的记事方法远不能适应人类传播的需要，创造文字成为迫切的需要。

黄帝时期是上古发明创造较多的一个阶段，那时不仅发明了养蚕，还发明了舟、车、弓弩、镜子和煮饭的锅与甑等，在这些发明创造的影响下，仓颉也决心创造出一种文字来，可以记录发生的这一切。有一年，仓颉到南方巡狩，受到"羊马蹄印"启发，就开始日思夜想，到处观察，看尽了天上星宿的分布情况、地上山川脉络的样子、鸟兽虫鱼的痕迹、草木器具的形状，于是，描摹绘写，造出种种不同的符号，并且确定了每个符号所代表的意义。仓颉把这种符号叫"字"。

想法可行，仓颉开始马不停蹄地造字，字造成的时候就出现了前面的那一幕：天上下起了粟米，鬼在夜里哭泣。

这是惊天动地的改变，文字使信息的交换成为可能，这是传播生存策略的关键；文字使代际的传承、文化的积累变成可能，这是人类文明进化的关键。当文字让人变成天地间的主宰，鬼如何能不在暗夜悲叹自己的命运。

文字具有无比强大的力量。

我国古代有"敬惜字纸"的传统。其实在我小时候，外婆还保留着这个传统，见到带字的纸，哪怕只是一个残损的小纸片，只要上面有字，她就会在头上顶一下，然后放在高一点的地方，以示对文字的敬畏。她常常警示我，文字有灵性，要敬畏文字。

余秋雨也记录过这个传统。他说老家民间有一个规矩，路上见到一片写过字的纸，哪怕只是小小一角，哪怕已经污损，也万不可踩踏。过路的农夫见了，都必须弯下腰去，恭恭敬敬捡起来，用手掌捧着，向吴山庙走去。庙门边上，有一个石炉，上刻四个字"敬惜字纸"，石炉里还有余烬，把字纸放上去，只见字纸慢慢焦黄，融入灰烬。即便土匪下山，见到路上的字纸，也会这样做。

余秋雨还说，家乡近海，渔民如果发心要到远海打鱼，船主一定会步行几里地，找到一个读书人，用一篮鸡蛋、一捆鱼干，换得一叠字纸。他们相信，天下最重的，是这些黑森森的毛笔字。只有把一叠字纸压在船舱中间底部，才敢破浪远航。

那些在路上捡字纸的农夫，以及把字纸压在船舱的渔民，都不识字。不识字的人尊重文字，就像我们崇拜从未谋面的神明，是为世间之礼、天地之敬。

这个传统在《燕京旧俗志》记载过："污践字纸，即系污蔑孔圣，罪恶极重，倘敢不惜字纸，几乎与不敬神佛，不孝父母同科罪。"

文字的神圣，在其他国家也是一样的，美洲的神职人员认为文字无法掌控，埃及少数掌握文字的抄写员想要私自占有文字的力量，印度的那些宗教典籍拥有绝对的权威。

语言、文字及其创作的故事，构成了印度的宗教典籍及宗教的传播。

比如《金刚经》所载："如是我闻，一时佛在舍卫国祇树给孤独园，与大比丘众千二百五十人俱。尔时世尊，食时，着衣持钵，入舍卫大城，乞食，于其城中，次第乞已，还至本处，饭食讫，收衣钵，洗足已，敷座而坐。时长老须菩提，在大众中，即从座起，偏袒右肩，右膝着地，合掌恭敬，而白佛言。"由此开始了他们晚上的讲座时间。

你看这是多么接地气的一个场景：佛陀来到舍卫国，和自己的二百五十个弟子住在祇树给孤独园，看样子祇树给孤独园应该在舍卫城外，到了吃饭的时间，他们换好衣服，拿着饭碗，进入城内，挨家挨户化来斋饭，然后回到自己的住处，开始吃饭。吃完饭，洗了碗，收好衣服，洗完脚，佛陀就很悠闲地靠在座位上。这时候，他的弟子须菩提从自己的座位上站起来，光着一只膀子，右膝跪下来，双手合十，开始提问。

弟子提问，佛陀就耐心地回答他们的问题。

这样细致甚至有些不厌其烦的描述，仿佛一帧一帧我们熟悉的画面，佛陀就是我们身边的一个长者，吃饭洗脚收拾衣服和我们都一样，大家的疑问，他都能用简单的话语来回答，或者是一个形象的比喻，或者是一则寓言，或者是一个小故事，让人豁然开朗。

这个场景我们一点也不陌生，我国的孔子也是这样。

孔子带着弟子们周游列国，所到之处，见物见事，信手拈来，用非常浅近的语言，把自己关于伦理道德、关于治国理政、关于修身养性的思想传递给弟子们。弟子们常常围坐在他身边，有时候他问弟子，有时候是弟子提问，《论语》有的篇章还详细地描摹出了孔老先生的丰姿、弟子们全神贯注的神态。

孔子的时代，文字已经进入了生活的方方面面，广泛用于典籍的记录、文学的创作。孔子注解过被誉为诸经之首的《易经》，这是中华传统文化的总纲领；他还编辑过《诗经》，这是最早的诗歌总集，也是中国文学的源头。孔子的这两项工作，为这两部经典的传播作出了巨大的贡献，但他自己一生却述而不作，并没有著作留世。

《论语》是他死后弟子及再传弟子整理而成的，记录孔子及其弟子的言行，只是留下了一些最经典的言语，行文很是简练。但这丝毫没有削弱他对中华民族道德理想的深远影响，没有减弱他对中华文化的不世之功，中国有句古话，半部《论语》治天下，足见这些简简单单的文字所具有的巨大的影响力。

文字的广泛使用，给思想的传播插上了翅膀，也让讲述的故事更加复杂，这成为推动历史进程的最强大的力量之一，语言文字的力量，也使我们能够战胜内心的恐惧、让我们获得美感。

美是创造出来的感受和情绪

远古时代，美就是我们生活中非常重要的一部分，某种程度上说，美就是我们生活的意义。

不管是进化需要，还是别的原因，人类所做的大部分事情都是出于对美的追求。实际上，动物和植物也是，自然界的生物在进化的过程中，总是尽可能地保留美的姿态。

众所周知，孔雀开屏的时候非常漂亮，色彩明亮艳丽，带着"眼睛"的图案匀称夺目，最主要的是开屏面积之巨大，更让这种美变得惊心动魄，不爱都不行。但是很难想象，拖着硕大而招摇的尾巴，如何应对强敌的袭击。敌人来了，跑都跑不利落啊，很可能会丢了小命。按照达尔文进化论"适者生存"的观点，进化成这样显然不是一个好的选择，但它依然冒着风险保持美丽。

我们知道，长着美丽的长尾巴的是雄性的孔雀，它保留着这份美丽是为了获得雌孔雀的爱情，为了繁衍后代。当然，所有的爱情都是美好的，生命更是。

自然界的飞禽走兽、花草树木，都选择以远超过我们想象的美存在着，比如老虎、豹子、斑马、鹿等，美丽的斑纹让人惊叹造物主的神奇；金雉、锦鸡、天堂鸟、彩虹鹦鹉，羽毛的色彩让人觉得匪夷所思；每一种花，有不同的花形，但都尽可能地圆润、鲜艳；每一株草、每一棵树，尽管姿态不同、叶子形状各异，但都选择对称、齐整的样子。一花一世界，一草一精神，目之所及，每一个生命都是尽力追求美，都可能唤醒我们内心的爱与同情，所以，大自然才能一直安抚人类的心灵，带给我们无穷的快乐和无比的力量。

美，是这个世界自觉的选择。对美的追求，远古的原始人也不例外。

远古的原始人穿着树叶和兽皮，根本遮盖不住身体，难道是为了保暖吗？当然不是。中国历史学家吕思勉认为，树叶和兽皮是美的装饰，是为了吸引异性。他在《中国大历史：先秦史》中说："衣之始，盖用以为饰，故必先遮蔽其前，此非耻其裸露而蔽之，实加饰焉以相挑诱。"

也许，在原始社会，人类连生存的安全都不能保证，但这并不影响他们对美的追求。美的感受可以调动身体里的每一个细胞，让它充满活力与激情、安静和幸福，其实活着的意义无非是感受到世界的美好。

自从开始追求美，人类就开始思考，美是什么。

在古希腊时代，美学作为专门研究美的学问就出现了，然而直到现在，不但对美没有一个确切的定义，而且一直有一种看法，认为根本就不存在什么美学。

古希腊的哲学家毕达哥拉斯在听到铁匠铺尺寸大小不同的铁锤打击铁砧发出有节律的叮叮当当声后，通过研究发现，和谐的声音和弦长的比例有很大的关系，所以他说：数的和谐就是美。

古希腊的另一位哲学家苏格拉底则认为，美和效用是紧密相连的。美不在于事物本身，而在于它的用途，在于对使用者的关系，"甲之蜜糖，乙之砒霜"，美不美就看对谁而言，就看有用没有。但其实苏格拉底自己也在质疑，之后提出过许多可能的美的定义，最后说了最具有真理性的一句话："美是难的。"

苏格拉底的弟子柏拉图，经常借着师尊的名义表达自己的观点。他对于美学最大的贡献是，首先区分开"什么是美""什么东西是美的"这两个问题，然后就美本身提出"美是理式"的论断。理式是什么，就是一物区别于另一物的最本质的特征。

我国 20 世纪 50—60 年代，美学界围绕美的本质问题开展了广泛的讨论。蔡仪先生认为，美的本质就是事物的典型性。典型，就是个别事物中显现出的同类事物的一般性和普遍性。李泽厚先生认为，美是客观存在的，但它是客观性和社会性的统一，强调了美的事物的社会属性。朱光潜先生则主张主客观统一说，也就是说，审美认识的对象不是纯自然的物，而是夹杂了人的主观成分的物。

美是什么，答案充满了不确定性。但有一点是可以确定的，美是一种情绪，是人的感受。

感受是什么？简单说来，感受是心理状态（即情绪状态）与生理状态（即身体感觉）的综合。

印度哲人克里希那穆提说："感受，是我与其他事物建立关系的那一刹那的产物。"

这里所说的联系，就见仁见智，给个人创造留下了一定的空间。

如果"其他事物"是抽象的语言，留给个人创造的空间就巨大无比。

孔子有两句话说道："书不尽言，言不尽意。"通俗地讲，就是人类的语言不能表达全部想要表达的思想。这就留下你品、你细品的可能。

面对语言，人们品味、咂摸出不同的味道，这就是人文创造的过程，"一千个读者就有一千个哈姆雷特"，一个哈姆雷特带给读者不同的审美感受，这正是语言的魅力所在。

在央视《中国诗词大会》第四季的开场词中，有这样一段话："'我见青山多妩媚，料青山见我应如是。'曾经'少年不识愁滋味'的辛弃疾一生经历坎坷，当老了坐在水声山色之间，突然发现对面的青山是如此妩媚多姿。无论是巍巍青山壁立千仞，还是浩浩江河源远流长，当有一天，它们遇到了一双诗人的慧眼，山水便有了悲喜境界，立意恒久。"

"我见青山多妩媚，料青山见我应如是。"这是辛弃疾晚年一首词中的两句，这两句之前的词句是这样的："甚矣吾衰矣。怅平生、交游零落，只今余几！白发空垂三千丈，一笑人间万事。"慨叹自己壮志未酬，韶华已老；功业未成，知交零落，只剩青山可倾情，只剩青山来做伴，辛弃疾生性疏狂，但其词还是透出了一种无奈和一丝悲凉。

而在央视开场词这里，关注的是青山的妩媚多姿，是山水的悲喜色彩，已经脱离了原词表达的意思。其实，作者辛弃疾写作时心中的青山已经不重要，重要的是不同的人赋予了它不同的妙处，都读出了自己的感受。据说，明末名妓柳如是看到这句词之后，惊呼其妙，立即就把自己的名字改了。柳如是是一个非凡的女子，身列妓籍，却有着和辛弃疾一样深厚的家国情怀和政治抱负，或许她和辛弃疾一样心有戚戚吧，这就不得而知了。

文字一旦面世，再创造的人文加工就留给了读者。

《三国演义》有这样一个情节：

东汉王朝被奸臣董卓操纵，义子吕布为虎作伥，众人敢怒而不敢言，司徒王允很是担忧朝政，王允的婢女貂蝉在月下焚香祷告上天，愿为主人担忧。于是，王允便将貂蝉收为义女，先暗地里许配给吕布为妻，再明着把貂蝉献给董卓做妾。貂蝉在董卓府的凤仪亭故意制造误会，成功离间了董卓与养子吕布的关系，自此，两人互相猜忌。后来王允说服吕布，铲除了董卓。

貂蝉是传说中的四大美女之一，古代形容美人有"沉鱼落雁之容，闭月羞花之貌"，其中闭月的典故就来自貂蝉，她在月下焚香，美丽的月亮看见她，自觉美不过，就悄悄地躲在云层之后。

貂蝉在《三国演义》中，美则美矣，但她只是王允连环计中的一个链条，是为国献身的一个义婢。当代作家高沧海则透过这些文字，重新创造了貂蝉的情感世界：

"凤仪亭里，杏花才褪，桃锦正舒，那执戟的少年只对你微微一笑，波光粼粼，你一下子就乱了昭阳宫里新排的舞步。""你被一双你无力拒绝的臂膀抱到马背上。马蹄嘚嘚，你从少年温暖的怀抱里向外张望这亮如白昼的夜。""你希望就这样在少年的怀里，在马蹄嘚嘚声里，你怀抱一匣月光，从此过一介云淡风轻的日子，山外青山云生处，小木屋，浣纱女。"

拂去历史的尘埃，貂蝉和许多女孩子一样，会对孔武有力的少年将军一见倾心，会在少年的怀里，就此静默：披着月光，云淡风轻，青山绿水，长相厮守，她要的只是爱情和日子。少年将军当然也要爱情，但更要仗剑天涯，当然也爱美人，但更爱不世功业。带给貂蝉爱情的马蹄嘚嘚，同样带着"少年的英雄气概节节延伸，雄踞徐州、辕门射戟、虎步江淮，少年已不是心怀你一人的少年，他想坐拥天下"。

高沧海把自己创造的感受书写成小小说《貂蝉的月光》：凤仪亭的故事没有变，貂蝉和吕布的后来没有变，吕布的结局也没有变，唯有人性和情感全新地呈现我们面前。

小小说篇幅极小，要承载丰盈的内容，遣词造句必须有着诗歌一样的凝练与简约，她用"守着这一匣月光"让故事言不尽而意起来。故事的起点是凤仪亭，但开端是貂蝉的月下焚香祷告，几乎每一个读书的人都知道《三国演义》，所以，开端的月光是在文字之外的。女孩子与少年郎在凤仪亭一见倾心，"一匣月光"见证着她的爱情；后来和少年的款款深情，"一匣月光"寄托着她的期盼；最终，少年永远地走了，和她一起厮守的只剩下"一匣月光"。"相思相见知何日，此时此景难为情。"

"一匣月光"和"马蹄嘚嘚"一样，带来了貂蝉的爱情，也带走了貂蝉的希望。

高沧海的文字唯美，采用了古典文学常用的月光作为意象营造氛围，她观照自己的感受，对貂蝉的形象进行了再创造，让貂蝉的情感丰满而温润，塑造出她心目中的貂蝉。

不同的人对同一个事件、同一个人物会有不同的感受。阅读同样的文字，也有着各自不同的情绪。

感受语言美的影响因素

语言经过人的大脑加工和心理活动，才被创造生成了美的感受。有的人对语言很敏感，很容易浮想联翩，心旌摇荡；而有的人看字就是看字，只看懂字面意思，并不会给予更多的想象，也没有什么独特的感觉。为什么会出现这种情况，在弄清楚这一问题之前，我们先来了解一下人的大脑有什么不同。

第一次世界大战期间，由于大量的颅脑损伤伤员需要外科手术进行抢救，在手术过程中，脑外科医生发现，某些特定刺激可以让伤员产生特定的感觉，一些脑区的损伤相应会造成特定的活动受损。这说明每个人大脑的不同区域拥有不同的功能。

20世纪60—90年代，美国神经学家Paul D. MacLean提出三重脑模型，并在90年代出版的《三位一体的大脑》一书中详细进行了阐述。他认为，人类大脑有三重，爬行动物脑、古哺乳动物脑（也叫大脑的边缘系统）、新哺乳动物脑（或叫新皮层）。后来人们对应这三重脑的主要功能，分别把它们称为"本能脑""情绪脑""理智脑"。

"本能脑"位于大脑的最底部，最早开始进化。保罗认为，这重脑起源于爬行动物，只有最初级的功能，负责保证生命的存续，比如吃喝拉撒、性交生育、躲避危险。假如你被火烫了一下，马上就会缩回手而不需要大脑思考作出决定，这就是本能脑在起作用。

"情绪脑"夹在新哺乳动物脑和爬行动物脑之间，被叫作大脑的边缘系统。从爬行动物到哺乳动物，动物进化出一个高级功能，就是拥有情感，能够感知情绪。这一重脑主要负责感性交流，比如用愉悦的情绪增进同伴的亲密关系，用悲伤的情绪引起同伴的物伤其类。这样一来，动物可以进行合作，提高生存率，比如狼群一起捕食、大象一起迁徙。这一点，人类到现在也和它们没什么区别。

"理智脑"在最顶部，也即大脑新皮层，是新哺乳动物的更高级功能，我们现在的文艺创作、科技发展、逻辑推理都仰仗这部分的脑功能，只是这重脑虽然高级，但力量最弱，所以常常败给情绪脑和本能脑，所以才有了这样的结果：明明懂得了许多道理，但还是过不好这一生；明明知道要好好学习，最后还是败给了手机游戏，因为最终决定行为的往往不是理智而是情感。

为什么会这样？因为人的行为80%受本能脑和情绪脑支配，大脑里的860亿个神经元细胞，它们就占了80%，所以，潜意识、生理系统都归这两重脑掌控。它们的力量远远超过理智脑。但理智脑非常聪明，它能利用想象、联想、比喻等方法驱动本能脑和情绪脑，借助它们的力量完成更高级的工作，比如审美，比如发明创造。

现在讨论的感受语言美，就是创作者的语言文字及语言营造的意境之美刺激情绪脑，从而激发出潜意识中的情感和情绪，获得美好感受的过程。

语言能产生美感，在于它有极强的穿透力，能够激发人内心深处最真实的感受。那么，我们的大脑到底是怎样呈现、体验、记忆以及调用这些感受的呢?

1949 年,心理学家唐纳德·赫布发现,人们的大脑依赖于各种神经元之间的联合作用,重复的刺激可以导致神经元突触传递效能的增加,即当两个神经元细胞连在一起时,它们就会同时兴奋放电并同时传输信号,于是,意识或者说思维就产生了。思维或意识在某种程度上就可以视同为感受。由此可知,感受实际上也是大脑中的不同神经元之间的链接。

一个人所有感受的呈现、体验、记忆和调用,也就是神经元链接的放电及传导过程。神经生物学家杰拉德·哈瑟认为,人们大脑中的神经网络对经验具有依赖性。当我们不停地重复某种想法以及受这种想法支配的行为时,我们的神经元细胞就会关联起来。

比如,当我们经历某一个创伤事件时,大脑神经元就会产生一个基于神经元链接的集合,这个集合包括由这起创伤事件诱发的所有想法、感受、记忆、知觉、社会情感、自我保护策略以及先天性反应倾向等。当任何与这起创伤事件有关的东西出现时,比如一段回忆、一个情境、一次对话,甚至一个场景,整个感受集合就会被立即激活①。

———————————

① 陈禹安.亲子滋养:让孩子活出最好的样子 [M].北京:民主与建设出版社,2019.

当然，经历美好的事件时也一样。

所以这可以有两个方面的含义：一者，语言激发人脑中神经元的关联而调取存储的感受，而且，"语言不是将思想和意义从一个脑子向另一个脑子迁移的系统，而是组织信息、释放思想、诱发其他生物体作回应的系统"①。二者，一个人的审美感受和他的过往经历、成长环境、个人修养、文化背景有着密切的联系。

感受和既往的经历、文化的积淀密切相关。

在武汉新冠肺炎疫情暴发的时候，日本送来了援助物资，上面贴着"山川异域，风月同天"两句八个字，相信许多人并不知道这两句话的来历，但依然激发了我们心中的美感，也拉近了彼此的距离。山川、风月，在古典诗词中经常出现，是我们熟悉的意象。"兴废由人事，山川空地形。"（唐代刘禹锡《金陵怀古》）"山川萧条极边土，胡骑凭陵杂风雨。"（唐代高适《燕歌行》）山川和自己的国家总是紧密相连。"清颍尊前酒满衣，十年风月旧相知。"（宋代晏几道《鹧鸪天·清颍尊前酒满衣》）"风月小斋模画舫，绿窗朱户江湖样。"（宋代辛弃疾《渔家傲·风月小斋模画舫》）异域、同天，成功地唤醒了中华民族"天下大同"、睦邻友

---

① ［美］E.T.霍尔.超越文化［M］.韩海深，译.重庆：重庆出版社，1990.

好、守望相助的文化传统。

日本文化受中国影响非常大，"山川异域，风月同天"背后是中日文化交流的一段故事，公元 8 世纪，鉴真大师为了弘扬佛法，东渡日本，经历了 5 次失败，第六次才成功。"山川异域，风月同天"两句话是日本王子送给我国的僧衣上所绣的文字。鉴真东渡不只是弘扬了佛法，还给日本带去了很多的发达文化，促进了日本佛学、医学、建筑等社会文化的发展，直到今天，日本还保留着许多大唐文化的印记。

所以，日本文化很容易就引起我们的共鸣。看下面这些地名，雨晴、定山溪、日暮里、衣川，是不是特别亲切，就像唐诗里拣出来的字眼一样，很容易就让我们感受到了美。然而，这些字眼如果放在我姥姥那一辈，她完全欣赏不来，她的记忆中，是日本人侵略中国的种种恶行，日军在边远的山村里烧杀抢掠，自己的弟弟就死在日本人的刺刀之下。姥姥也知道日本受中国文化的影响较多，所以她会认为小日本没良心，中国巴心巴肺地教了他们那么多先进文化，他们却反过来侵略中国，甚至这些美好的地名也反过来成为他们侵略的证据。

这同样是语言之美的神奇之处，一方面可以产生共鸣，形成文化认同；一方面也可以极具个性，让人自得其乐，自洽自适。

第二章

文化是语言审美的基石

文化是一个族群区别于另一个族群的重要特质，是族群成员习得的行为模式、态度和信念，是一种生活方式，并且是一种集体无意识。它在意识之外起作用，渗透在生活的方方面面，持久而深刻地影响着人们的行为习惯。

语言是文化的载体，也是文化的组成部分，它和音乐、绘画、雕塑、建筑等一起，成为一个族群的文化符号，也建构族群的归属感和凝聚力。

语言之美，本质上是文化之美。缺乏相应的文化基底，就难以感受语言中所蕴含的文化。语言之美，和自然之美是不一样的，自然之美是具身的体验，恁谁置身其中，都会情动于中，而语言文字，则是用非具身的方式激发出同样具身的体验，这就需要文化作为审美的基石，比如了解族群间的不同，懂得历史积淀的典故，地域风情及风俗习惯。

语言美感与文化归属

在 80 后和 90 后的记忆中，一定有一首周杰伦的歌，因为周杰伦歌曲的歌词令听者倾倒，以至于词作者方文山和歌手周杰伦同样名动江湖，这在流行音乐圈并不多见，他们联袂开创的中国风音乐横扫海峡两岸和香港，其中歌词的魅力占了举足轻重的重要地位，著名音乐人高晓松甚至认为方文山对中文之美的表达不输李商隐和李煜。

"旧地如重游月圆更寂寞"（《东风破》），"你走之后酒暖回忆思念瘦"（《东风破》），"帘外芭蕉惹骤雨门环惹铜绿，而我路过那江南小镇惹了你"（《青花瓷》），方文山的词每一句都浸润着唐诗宋词的意境，那是镌刻到中国人骨子里的文化基因。有了这些文化积淀，才能体会到歌词的韵律之美，听懂他的歌所讲述的故事，感受到中国风格的古典意境。

方文山在谈到他的创作为什么会引起人们的共鸣时说，要找到大多数人情感的最大公约数。

什么是大多数人情感的最大公约数？其实就是一个族群的文化，是共同的根——中国文化，让台湾的周杰伦和方文山创作出可以引起十几亿同胞共鸣的歌曲。英国的加亚·文斯认为，美创造了人类的归属感，形成了文化认同，从而推动了人类的进化。北京大学赵世瑜教授这样来理解这个观点：对美的追求导致了那些人群，包括男女、部落、族群，结合在了一起，共同形成了何种生计模式、聚落形态、书写方式和意识形态。归根结底，即成为形成各种认同——地方认同、族群认同、文化认同——的重要因素。

美是主观的，但正因为人类"对美有一种情感上的反应，这也是一种生物学上的反应"①，所以才创造出了不同的文化符号，从而形成了具有凝聚力的社会。我们通过对美的认同表达对文化的认同，比如不同的建筑风格、不同的绘画风格、不同的服饰文化，以及不同的雕塑、音乐、舞蹈、戏剧等艺术形式。

有人说，艺术无国界，比如同一段音乐旋律常常能跨越文化和语言，引发相似的情绪。果真如此吗？一项来自普林斯顿大学与香港中文大学的研究表明，不同文化背景的人听同一组音乐时所产生的联想，带有强烈的文化印记。

人们普遍认为，特定的音色和旋律能够唤起特定的情绪体验，完整的音乐段落则通常带有叙事性，那么，在音乐叙事性

---

① ［英］加亚·文斯. 人类进化史：火、语言、美与时间如何创造了我们［M］. 贾青青，等，译. 北京：中国出版集团，2021.

上，不同地区不同文化的倾听者是否有差异呢？研究团队从美国和中国招募了共 622 名被试。其中美国被试来自密歇根州和阿肯色州，中国被试则来自贵州省，中美两组被试几乎都不了解对方的文化。

研究者收集了共 32 首无歌词的音乐，其中一半属于西方流派，另一半属于中国流派。每名被试收听了其中的 8 首，并在收听后尽可能详尽地描述收听时脑海中浮现出的故事。结果显示，在同一音乐流派下，故事之间的相似性会高于不同音乐流派下故事的相似性。同时，不同文化的被试收听同一段音乐时联想到的故事内容存在差别，美国被试想象的故事十分相似，美国被试与中国被试想象的故事不尽相同。可见，音乐的欣赏受文化的影响是巨大的，不同文化承载着不同的故事。

音乐尚且如此，遑论作为文化主要载体的语言。当你说吃早餐的时候，最先想到的是油条、老豆腐，而当换成"breakfast"，脑海里最先浮现出的就是牛奶、面包。所以，希特勒才会说："要消灭一个民族，首先瓦解它的文化；要瓦解它的文化，首先消灭承载它的语言。"

感受自己民族的语言美是文化认同的集中表现。

都德的《最后一课》非常感人，讲述了普法战争中被普鲁士强行割让的一所乡村小学要关闭的故事。用告别自己母语的一堂法语课，展现出领土沦丧的屈辱和对自己故土的眷恋。语言代表了一个国家的主权和文化。文章这样写道：

> 韩麦尔先生从这一件事谈到那一件事，谈到法国语言上来了。他说，法国语言是世界上最美的语言，最明白，最精确；又说，我们必须把它记在心里，永远别忘了它，亡了国当了奴隶的人民，只要牢牢记住他们的语言，就好像拿着一把打开监狱大门的钥匙。说到这里，他就翻开书讲语法。真奇怪，今天听讲，我全都懂。他讲的似乎挺容易，挺容易。我觉得我从来没有这样细心听讲过，他也从来没有这样耐心讲解过。这可怜的人好像恨不得把自己知道的东西在他离开之前全教给我们，一下子塞进我们的脑子里去。

> 语法课完了，我们又上习字课。那一天，韩麦尔先生发给我们新的字帖，帖上都是美丽的圆体字："法兰西""阿尔萨斯""法兰西""阿尔萨斯"。这些字帖挂在我们课桌的铁杆上，就好像许多面小国旗在教室里飘扬。个个都那么专心，教室里那么安静！只听见钢笔在纸上沙沙地响。有时候一些金甲虫飞进来，但是谁都不注意，连最小的孩子也不分心，

他们正在专心画"杠子",好像那也算是法国字。屋顶上鸽子咕咕咕咕地低声叫着,我心里想:"他们该不会强迫这些鸽子也用德国话唱歌吧!"

韩麦尔认为法国语言是世界上最美的语言,事实上,每个国家的民众都会认为自己国家的语言最美。

语言不仅仅是传递信息的系统,更是一个族群成为一个族群的根本。这一点不难理解,没有语言就没有思维,仔细体会一下,我们在思考的时候不是杂乱无章的,是在用一套内心语言在独白,用内心语言整理思路。共同的语言,相同的思维方式,形成地域特色,更形成文化认同。

语言就像是一个人的身份印记,有没有这样一种经历,当你走在国外的街头,人群中突然有人说你的母语,你就会忍不住回去找一找说话的人;当你在国内的异地,听到一句乡音,也会忍不住多看一眼是谁在说话。

这都是下意识的反应。

据说第二次世界大战初期,英法联军反间谍机构抓住一个流浪汉,法国军官奥克怀疑他是德国间谍,只是没有充分的证据。于是,奥克想了很多办法想确认他是德国人。奥克先让他用法语数数，结果流浪汉的法语十分流利，没有任何破绽。第二天，奥克让士兵突然用德语大喊：起火了，可是流浪汉无动于衷，好像听不懂德语一样。后来，奥克又找来一位农民，和流浪汉谈论耕种等，流浪汉对农业了如指掌，比农民懂得还多。过了两天，流浪汉又被押进了审讯室，依旧还是原来沉着而冷静的样子。奥克当着流浪汉的面认真地审阅关乎他的文件并在其上签了字，然后，他用德语说：好了，你可以走了，你自由了。

流浪汉听后，深深地舒了一口气，如释重负地抬起了头。就是这一个下意识的动作，暴露了他懂得德语的事实。经过进一步的审讯，流浪汉最终承认了自己是一个德国间谍。

一个人可能在意识层面凭借自身努力改变许多，但是很难改变潜意识中的母语思维方式，潜意识中对母语的本能反应。

母语，就是沉潜在意识深处的文化。

不同的文化，对语言美的感知绝不相同，而且，文化间的差异大到超乎我们的想象。

时间是最好的良药，这句话常常用于安慰人类所遭受的各种情感伤痛。

的确，时间会过滤掉许多让我们不快的记忆。对未来的憧憬，也会带给我们充满希望的快感，从而感受到生活的美好，获得前行的动力。

然而，对于西太平洋特鲁克群岛珊瑚岛上的居民来说，时间绝不可能医治情感的创伤，他们背负着过去，如同蜗牛背着重重的壳，宁愿慢慢蹒跚，就是不放下来。这一独特的文化基因，不仅给外来的人带来困扰，让岛上的管理者也啼笑皆非。

第二次世界大战末期，美军占领了珊瑚岛不久，一个村民跑到军政府总部，说村子里发生了谋杀案。军政府官员正准备去逮捕嫌疑犯，突然想起进入岛内被人告诫，和当地人打交道需要三思后行。于是，他暂停行动，着手调查这件事。官员经过一番调查之后发现，这起谋杀不是发生在几小时前，也不是几天前，而是发生在 17 年前。珊瑚岛的居民会把过去当作现在。

特鲁克群岛乌曼岛也是这样，村子与村子之间经常会因为鸡毛蒜皮的小事儿动武厮杀，如果若干年后有人突然想起曾经的冲突，立即就会趁着月黑风高之夜偷袭别人的村子。

你永远也不要指望他们发出"子在川上曰：逝者如斯夫"的感叹，对他们来说，"流水它带走光阴的故事，改变了一个人"，也根本不存在。

那么，未来会给人带来希望吗？答案也不肯定。

在亚利桑那州北部的纳瓦霍印第安人眼里，未来根本没有任何意义，别想用目标、规划和承诺打动他们。美国人曾经想在这里实施草原保护和土壤养护计划，他们始终无法说服纳瓦霍人相信，现在的计划在十年二十年后所能产生的巨大收益，因为这些相对遥远的利益与当下可爱的羊群相比，纳瓦霍人认为后者更重要。

欧洲商人到这里和当地人做生意，本来周日是不交易的，但纳瓦霍人根本没有这个概念，在他们想去和商人交易的任何时候，就会翻山越岭找上门。如果商人告诉他：今天是星期日，明天再来吧。纳瓦霍人觉得明天是很遥远的事儿，和他们没有关系，他们会一直敲门，直到商人无奈地打开门，打破自己周日不交易的规矩。

"两情若是久长时，又岂在朝朝暮暮"。对于纳瓦霍人来说，不在朝朝暮暮在哪里？他们只认眼下，明天都不在，李商隐的这句诗因此毫无美感可言。

关于时间和空间，我们一般都会认为，人类的认知大体是一致的。然而，并不是。

还是特鲁克岛，那里的岛民忘不掉过去的时间，背负着累积的伤痛，却完全没有空间的概念。他们无法理解会在不同的地方同时发生两件事。

第一次世界大战末期，日本人占领了特鲁克岛，把乌曼岛的首领阿提·摩西抓到东京，让他用无线电对他的岛民讲话，尽管阿提的家人知道阿提在东京，但根本不相信讲话的是阿提，在他们的思维中，分处两地就意味着彻底隔绝，没有任何联系，因此，对他们而言，阿提在东京的所有事都无法想象。

这样的背景下，"千里共婵娟"也是不存在的，更不用说唤起美的感受了。

如果在这样的文化背景下来欣赏余光中的《乡愁》，没有了空间概念，怎么能理解"乡愁是一方矮矮的坟墓，我在外头，母亲在里头""乡愁是一湾浅浅的海峡，我在这头，大陆在那头"所营造出来的浓浓乡愁及游子思乡的惆怅呢？

上述例子当然比较极端，但是，极端的例子可以让我们更清晰地感受到文化的差异，文化的差异不仅存在于异域之间，甚至存在于本土，存在于相同文化背景下的不同个体。离开文化，语言的美就无所依附。

典故：负载文化的故事

典故是文化积淀的产物，每个民族都有，比如源于西方的伊甸园、偷食禁果、阿喀琉斯之踵、俄狄浦斯情结，还有芝麻开门、狼外婆等等，在中国也广泛使用，包含了很丰富的内容。源于中华的典故那就更多了，尽可随手拈来，比如曹操的"神龟虽寿，犹有竟时"用了《庄子·秋水》中的传说"闻楚有神龟，死已三千岁矣"；李白"安能摧眉折腰事权贵，使我不得开心颜"用了陶渊明不为五斗米折腰的故事。"才高八斗""自相矛盾""金屋藏娇"……百姓生活中也运用自如。悠久的文化和历史，流传下来数不胜数的典故，如果没有深厚的文化底蕴，就会影响对语言美的感受，甚至会影响日常的交流。

有一次我和几个人聊天，说起出租房子，其中一个朋友就很惊异这个行为，说空着就空着，自己的房子为什么要租给别人。我一时无言，就开玩笑说："你这真是'何不食肉糜'。"结果其中一个年轻人哈哈大笑，我这个朋友也不好意思地笑了，显然，他们知道"何不食肉糜"典出何处。

典故就是典制和掌故，也可解释成典籍中的故事和词句，有出处、有故事、有含义，知道这个典故，一般就知道那个故事，以及故事所带来的启示和意义。"何不食肉糜"出自《晋书·惠帝纪》，是有关晋惠帝的故事：有一年发生饥荒，百姓没有粮食吃，连草根树皮都吃完了，许多百姓因此活活饿死。消息报告到晋惠帝那里，这个"善良"的皇帝大为不解："百姓无粟米充饥，何不食肉糜？"哦，这个皇帝在问，老百姓肚子饿没粮食吃，为什么不去吃"皮蛋瘦肉粥"呢？说他什么好呢，说他饱食终日不知百姓疾苦也可以，说他一叶障目看不到这个世界的真相也可以，总之，这个皇帝当得起昏君的称号。

有了这个典故，简简单单五个字"何不食肉糜"就表达了这个故事要表达的全部意思，含义极为丰富，所以典故很适合古代诗词这种需要用最少的字表达最丰富内涵的文体，用在古诗文中更多一些，备受文人青睐。

典故一般源于古代神话，或者是历史故事、流传的诗文经典作品、民间的风俗习惯、大众公认且耳熟能详的人物和事件等，在时间的流逝中积淀下来，以固定的成语或者词语、语句存在，可以称得上是民族文化的精华。典故词约义丰，含义隽永，因此，用典故来交流、写作，会使语言显得简洁凝练，而且，引经据典更易让人信服。

典故的使用，是形成语言美感的独特形式，所以从古到今，写文章都少不了典故。对于文章中典故的使用，20世纪著名的文学家废名说过这样的话："中国的坏文章，没有文章只有典故。在另一方面，中国的好文章，要有典故才有文章！"

如此看来，不管文章好坏，典故都是不会缺席了。事实上，从古到今，典故的确不曾缺席，先不说高雅文学，就是通俗的流行歌曲创作中，凭借典故的翻用，依然在西方文化和互联网冲击的大背景下，深受青少年喜爱，甚至掀起了中国风。可见，文化渗透在人性和生活中，只要有民族的基因，就会受民族文化的影响，而典故，就是民族文化的载体，负载着这个民族的故事。

我们还是来看这样一首通俗歌曲《庐州月》中有多少典故出现。

儿时凿壁偷了谁家的光

宿昔不梳　一苦十年寒窗

如今灯下闲读　红袖添香

半生浮名只是虚妄

三月　一路烟霞　莺飞草长

柳絮纷飞里看见了故乡

"儿时凿壁偷了谁家的光"，这是典故"凿壁偷光"，出自汉刘歆《西京杂记》卷二："匡衡字稚圭，勤学而无烛，邻舍有烛而不逮，衡乃穿壁引其光，以书映光而读之。"匡衡在墙上凿开一个洞，借邻居家的烛光读书，用来形容贫寒之士刻苦夜读。"凿壁""匡壁"也都是说的这回事儿。

"宿昔不梳　一苦十年寒窗","宿昔不梳"出自南北朝乐府诗《子夜歌·宿昔不梳头》:"宿昔不梳头,丝发披两肩。婉伸郎膝上,何处不可怜?"这首诗本意是描绘情人相见时,女子在郎君面前的慵懒柔美、缱绻缠绵的姿态,发丝披散两肩,双臂伸展倚靠在情郎膝上,处处都惹人怜爱。这里应该只取了字面意思,寒窗苦读都顾不上梳头,这个用法有点违和,意境上并不恰切,疑为为用典而用典。

"如今灯下闲读　红袖添香",这描写的是当下的情景,从往昔到如今,读书由苦读到闲读,还有"红袖添香"。"红袖添香夜读书"这是千古文人一起追逐的梦,典出宋代词人赵彦端的《鹊桥仙(送路勉道赴长乐)》:"留花翠幕,添香红袖,常恨情长春浅。南风吹酒玉虹翻,便忍听、离弦声断。　乘鸾宝扇,凌波微步,好在清池凉馆。直饶书与荔枝来,问纤手、谁传冰碗。""红袖添香"当然是中国古典文化中很美的一个意象,古代的香和现在通用的线香并不一样,否则,简简单单点着了了事,也没有"添"这一说了。古代焚香过程烦琐,时不时还得观察炭火是不是合适,照料香味是不是太浓,若香已散尽,则需将香料添到香炉里面,无论是用小匙添上香粉,还是用纤纤素手拈一小粒香丸加入香炉，动静拿捏，都是纯粹的一种精神享受。李渔甚至认为这是文人雅好，"此非僮仆之事，皆必主人自为之"。那么想来，这能让文人心心念念的添香红袖绝非俗物，样貌才情当得起红颜知己的称号。在秉烛夜读的深夜，香雾氤氲，美人在侧，这恐怕是慰藉千千万万学子读书之苦的最动人场景了。

"半生浮名只是虚妄"，"浮名"也有来处。北宋柳永颇富才名，但在科举考试中，信心百倍的他竟然初试就落地了，于是就写了一首词《鹤冲天·黄金榜上》，发泄对此事的牢骚和不满："忍把浮名，换了浅斟低唱。"在他来说，只不过是一句牢骚，却惹恼了时任皇帝宋真宗，当他第三次科考进入殿试环节时，宋真宗想起他的这句词，便说道："且去浅斟低唱，何要浮名？"就这样堵死了他的科举之路。从此，柳永便自称"奉旨填词柳三变"，长期流连勾栏瓦舍，真的只为歌伎填词去了。虽没有功名，但有了"凡有井水处，即能歌柳词"的艺术成就。

"三月 一路烟霞 莺飞草长，柳絮纷飞里看见了故乡。"出自南北朝时期丘迟的《与陈伯之书》："暮春三月，江南草长，杂花生树，群莺乱飞。"这是对江南美景最为凝练、最为经典的描写，似乎目之所及，脑海里就会浮现出烟雨江南。

桥上的恋人入对出双

桥边红药叹夜太漫长

月也摇晃 人也彷徨

乌篷里传来了一曲离殇

"红药"典出自宋代姜夔《扬州慢·淮左名都》："二十四桥仍在，波心荡、冷月无声。念桥边红药，年年知为谁生。""红药"是指红色的芍药花，在扬州的繁华岁月，红芍药花是扬州的一代名花，著名的"二十四桥"也叫"红药桥"，足见此"桥"和此花是扬州城繁荣景象的见证，"二十四桥"是姜夔借用唐代杜牧《寄扬州韩绰判官》中"二十四桥明月夜"的典故，借今昔对比，慨叹扬州城物是人非的凋敝景象。

庐州月光 洒在心上

月下的你不复当年模样

太多的伤 难诉衷肠

叹一句当时只道是寻常

"当时只道是寻常"出自清代著名词人纳兰性德《浣溪纱·谁

念西风独自凉》："谁念西风独自凉？萧萧黄叶闭疏窗。沉思往事立残阳。　　被酒莫惊春睡重，赌书消得泼茶香。当时只道是寻常。"这是纳兰性德悼念亡妻的一首词，纳兰性德和妻子恩爱有加，两人赌书泼茶，留下了许多回忆，"当时只道是寻常"，失去才知珍贵，一句话写尽对妻子的思念。

《庐州月》几乎句句用典，典故多得让人眼晕，同时，运用月亮、桥、红药、烟雨江南、青丝等古典诗歌常用的意象，让读者扎扎实实感觉到了语言之美。其实，公允地说，这首歌的立意并不高远，现在佳人在侧、功成名就，然后闲来无事，想起过去在家乡立志苦读的岁月，还有原来陪伴自己的姑娘。这是要表达什么呢？但这种含糊不清的主题和也许是一刹那间的小情绪的表达，并未影响网友的追捧，反而让他们对有着浓郁中国风的歌词大加赞赏。这其中，关键的原因是这些唯美的典故和意象，触动了阅读者沉潜在意识深处的文化底蕴，使其产生了共鸣；是这些语言经由读者大脑的想象和加工，引起了审美感受。说到底，是文化认同在起作用，是语言所蕴含的意蕴本身带来的愉悦，和歌词表达的思想和情感关联并不大。

对语言美的感受就是这么神奇，一方面语言表达的思想情感会引起人的审美感受；另一方面仅仅是唯美的语言本身也可以引起人的美感。

因为自己生命中中华民族的基因，所以，尽管面临西方文化冲击、社会变革等诸多挑战，中国文化依然深深根植于我们的人性和生活中。

只要你生活在中国，就一定会受文化的影响。我们可能读不懂这些典故，但依然可以感知这种美。至于典故的意思，查一查就知道了，并不会影响阅读。

这种现象在乐坛上十分多见，方文山的歌词美到什么程度，高晓松已经评价过了，高晓松的评价是可信的，方文山的确是驾驭文字的高手，也是用典高手。

《发如雪》中"繁华如三千东流水，我只取一瓢爱了解，只恋你化身的蝶"一下子就用了两个典故，一个是"弱水三千，只取一瓢饮"，一个是梁山伯与祝英台化蝶的爱情故事。

"弱水三千，只取一瓢饮"源自一个佛经故事。

佛祖在菩提树下问一人："在世俗的眼中，你有钱、有势、有一个疼爱自己的妻子，你为什么还不快乐呢？"这个人回答："正因为如此，我才不知道该如何取舍。"

佛祖就给他讲了一个故事，佛经中的好多道理都是用故事来传达的。他说，有一天，一个游客即将因口渴而死，佛祖心怀慈悲，就将一湖水放在他面前，但这个人滴水未进。佛祖觉得很奇怪，就问他原因。他说："湖水太多，而我的肚子又这么小，既然一口气不能将它喝完，那么不如一口都不喝。"讲到这里，佛祖露出了灿烂的笑容，对那个不开心的人说："你记住，你在一生中可能会遇到很多美好的东西，但只要用心好好把握住其中的一样就足够了。弱水三千，只取一瓢饮。"

我们熟知的《红楼梦》就用了这个典，贾宝玉表白林黛玉的情话即为：任凭弱水三千，我只取一瓢饮。意思是别看女孩子那么多，但我只钟情你一个。这句话从此被引申为对爱情的忠贞专一。

梁山伯与祝英台因为家庭阻挠，二人不能成婚，双双化作蝴蝶，同样被视为忠于爱情的象征。后世因此敷演出不少文艺作品，有戏曲、有音乐、有歌曲。

啥也不用说，《发如雪》描写的爱情在典故的加持下，显得就很唯美了。

还有一首《爷爷泡的茶》："陆羽泡的茶，听说名和利都不拿，他牵着一匹瘦马在走天涯。"陆羽乃唐代茶学家，一生嗜茶，精于茶道，陆羽被誉为"茶仙"，尊为"茶圣"，祀为"茶神"，这是一个人物典故，和茶有关。"瘦马""天涯"是文学典故，一般人都会想到元代马致远《天净沙·秋思》的意境，前面已经品读过这首小令了，前三句用列锦的手法，罗列了九个意象，"枯藤老树昏鸦，小桥流水人家，古道西风瘦马"。并用"枯""老""昏""瘦"等修饰词，再加上西下的夕阳，不由得让人喟叹"一切景语皆情语"，而"断肠人在天涯"一句点睛，敲定了这个意境的悲凉之意。有没有一种感觉，如果不知道这些典故，你眼里的许多文字便没有了隽永的味道，读这句词，你也许不会把陆羽和牵瘦马、走天涯联系起来，但一定会将"瘦马""天涯"和马致远这首词的意境、情思相联系，这就是文字的魅力，也是文化的积淀对语言之美的重要意义。

典故和古典文学发展留下来的许多诸如对偶、排比等语言形式一起，让汉语的书面表达音义兼美。著名诗人余光中先生对此深有体悟："一位作家笔下，如果只能驱遣白话文，那么他的文笔就只有一个'平面'。如果他的'文笔'里也有文言的墨水，在紧要关头，例如要求简洁、对仗、铿锵、隆重等等，就能招之即来，文言的功力可济白话的松散和浅露。一篇五千字的评论，换了有文言修养的人来写，也许三千字就够了。一篇文章到紧要关头，如能'文白相济'，其语言当有立体之感。所以我的八言座右铭是'白以为常，文以应变'。"

阅读的时候，文白相间的语言能够给我们带来美的享受，而好的典故，就如同一罐好汤中的调味品，让人在不着痕迹中感觉到了浓淡相宜的香味，但若不知道典故的出处，或者读不懂文言，就难以真正欣赏到语言的美。

方言：印记地域的古老历史和人文色彩

如果仅仅是为了交流，全世界只用一种语言会更加便捷、高效，然而，现实远非如此。细分起来，十里都不同音，更不用说南北东西的差异了，所以，语言的功能，除了交流和表达，更大的价值在于其负载的文化意义。

我国传统文化的载体，并不在于交流更加便捷的普通话，反而存在于腔腔调调迥异的方言中。换言之，不同的语言就是一种不同文化的表达。

方言，是指某一地域及特定族群或民族的一种地方性、区域性语言，它最吸引人的地方在于通过方言可以探究一个地方的历史印记，这些历史印记形成了独特的地域文化、民风民俗、山川风物，展现着一方水土上的地域性格、人文观念和历史情怀，语音语调包裹着地方气息，牵连着关于这个地域的回忆、情感，也承载着远方游子的乡愁。

细究起来，语言的使用和地域的关系特别有意思。按照易中天的话说，是活法不一样，说法也就不一样，而活法取决于一个地方的地理气候等自然环境、饮食文化习惯、历史传承，等等，那么，方言的说法里便都能看出这些差异来。

记得上大学的时候，我一个南方的同学胃疼，直呼"快给我拿一碗米饭"，一碗米饭下肚，胃疼渐渐缓解了。我当时很惊异，胃不舒服的时候，不是一碗热乎乎的软面条更妥帖吗？然而并不是，这要看是南方的胃还是北方的胃。

第一次去南方看朋友，她为我们两个人点了六个菜，我说你简直是浪费狂。她笑了，南方人一盘菜就一点点，点的都是青菜，上来你就知道了。而我第一次到东北出差的时候，发现菜的计量单位是盆。是啊，想我东北大平原，山环水绕，沃野千里，不拿大盘子大盆怎么彰显自己的待客之道呢？

想起易中天写的城市的性格和南北方文化差异，一下子就了然方言为什么能承载地域文化："南方人喜欢用拳，北方人喜欢用腿，叫'南拳北腿'。南方人个子小，打架的地方也小，深街小巷，挤挤巴巴，难以施展，还是用拳头便当。北方天高地阔，一马平川，好汉们又一个个人高马大，一脚飞起，能把对方踢出二三里地去，很是过瘾，所以愿意在腿脚上下功夫。也所以，一个男人和一个女人关系暧昧，在南方就叫'有一手'，在北方则叫'有一腿'。"①

这些南拳北腿式的差异催生了不同的方言，而方言对于熟悉的人来说，是关于乡土的回忆，在这里的经历、情感，以及割舍不下的关系，是熟悉带来的踏实和安全。对于陌生的人来说，是探究不同地域文化精髓的入口，方言自带态度，一言一语里面包含着那一地域的思维方式、风俗人情。人们为什么喜欢旅游？因为旅游能带来美的享受，见没见过的自然山水，吃没吃过的食物，见识没体会过的生活方式，探究一个地域文化形成的历史，旅途中那些未知的、新奇的事物都可以给我们带来美的享受，所谓"读万卷书，行万里路"，读到一些方言语词，大脑就会创造加工出它背后的丰富内涵，是这些内涵带给我们美好的感受。

就以我熟悉的晋西北方言为例，有一天突然发现，一些呕哑嘲哳的土话，居然是古老而雅致的，瞬间有点神气起来。西安人把吃饭叫作咥（die）饭，我们那里也是一样的，只不过是"咥"发音是入声，更短促有力，而且男人用得更多一些。所以小时候我以为这是有点粗鲁的话，比如，一些男人会摸着肚子说："中

---

① 易中天.大话方言［M］.上海：上海文艺出版社，2018.

午咥了一碗面！"或者饿极了，就一起邀约："走，咥碗面去。"这里的"咥"其实是古汉语，乃是吃、咬之意，《易经·履卦》就有："履虎尾，不咥人，亨。"

这样古老的词还有很多，说家是"居舍"，说起来不觉得，写出来立即就很古典；说花草庄稼长得茂盛是"葳"："叶子长得真葳嘞。"而早在魏晋王粲《公燕诗》中就有"昊天降丰泽，百卉挺葳蕤"；说嘴里没有味道，或者场面不热闹，用的是单音节的古汉语"寡"。贾平凹在《西安这座城》里说："最是那土得掉渣的土话里，如果依音笔写出来，竟然是文言文中的极典雅的词语。"山西人也是深有体会的，谁能想到，一张嘴的土话，竟然有几千年的沉淀。此时，仿佛那些语调下沉、发音沉重的土味儿也消散了许多。

从方言中还能看到历史的印记，晋西北有个词叫"圐圙"，多指四周围起来的一块空地，这个词是蒙古语的音译。小时候听姥姥讲过，老家的月饼是空壳的，就是为了将约定阻击蒙古的字条放在月饼里而设计的，说明这里和蒙古族发生过战争。山西历来就是胡汉融合之地，"圐圙"这个词是蒙古族南下此地留下的，还是山西"走西口"的那些人带回来的，我没有考证，但无论如何，中原和草原的博弈和交通都曾发生在这一片土地上，因此，这里的方言并不是纯正的古老汉语，还有许多民族融合的产物。

小时候学习古汉语、读古诗，都会发现这样一种现象，有些句子用自己家乡的方言读起来更合辙押韵，朗朗上口，有一些解释也是用方言的意思似乎更符合文义。互联网发达之后，发现好多地方的人都和我有同样的感受。语言随着历史的变迁、人群的迁徙，在流传的过程中，不断融合、沉淀、更迭，交互影响之下，也形成了另外一种审美感受。

李白的一首词中有两句："平林漠漠烟如织，寒山一带伤心碧。"以前总不能理解"伤心碧"到底是什么感觉，后来看到有诗词专家考证说，"伤心"在这里是"很、非常"的意思，是四川方言，瞬间就释然了，蓦然想起，山西也是有这种说法的，至少我的老家就有，说一个人丑，会说"难看得伤心"，就是这个意思。

说到这里，突然很羡慕福建人，他们学起古汉语来，是不是会简单得多，如同阅读自己的方言：汝食未（你吃了吗）？我食糜（我喝粥）。伊欲饮水（他要喝水）。走叫行，锅叫鼎，筷子叫箸，绳叫索，翅膀叫翼，图章叫印，房子叫厝，这得多雅致，一不留神就以为行走在典籍中。

普通话是标准化的产品，而方言如同手工制品，总会有一些手工制品让人灵魂出窍、怦然心动。

方言是民间数千年锤炼了的语言的精华，熟悉是美的，新鲜是美的，古老的文化更是美的。

我们对方言产生感受一般有三个因素：文学作品、民歌、戏曲及其他艺术形式。近几年，一些用方言演唱的通俗流行歌曲也很受欢迎。

每一种方言都自成一个世界，这些方言似乎在表达着这个地方的山水风物、世情民俗，还有一方水土养成的人物性格。通过一种方言，可以勾起熟悉的回忆，可以探索不熟悉的一个新世界，对于不同的受众都能从不同的角度达到审美的愉悦。比如说，老舍笔下的北京，沈从文笔下的湘西，鲁迅笔下的鲁镇，汪曾祺笔下的高邮，莫言笔下的高密，陈忠实笔下的陕西，赵树理笔下的山西……这就数不胜数了，他们写的都是自己的故乡人和故乡事儿，但读者却并不限于当地，而是四散到各个地方，受到了许多人的喜爱。同时，这些作家笔下浓厚地域特色的语言，是对现代白话文的丰富与生动，许多地域性的语言逐渐被全民接受、普遍使用开来。比如"忽悠""得瑟""白话"等，都是近年来东北喜剧小品贡献给普通话的词语。

上学的时候学习《阿Q正传》，鲁迅写阿Q"恋爱的悲剧"：

他对吴妈表白："我和你困觉，我和你困觉！"并对伊跪下了。这节语文课后，"困觉"和"伊"就承包了男同学课间的欢乐，他们总是不怀好意地互相怂恿，对"伊"说："我想和你困觉""我想和你困觉"。当时只觉得"困觉"这个词很传神，困了就要睡觉，后来知道了，这是绍兴方言。而在互联网发达之后，我才知道，不只是我们那个偏僻的县城，几乎全国的中学生都有过戏谑"困觉"的欢乐，并且还一致被染上了青春期懵懂的情色味道。这真是作者自己也没有想到的影响。

上海作家金宇澄说："普通话是一种人造的语言，也很容易形成文字语言同质现象，方言却是水土的自然生成，永远那么生动。"

最能体现方言的自然生成和生动的，还有风格迥异的民歌，民歌是地域土壤中长成的特产，歌词和音乐风格完美统一，最能体现当地的民风，比如北方民歌，多是慷慨之歌，声遏行云，气吞万里，陕北民歌能感觉出就是黄土圪梁梁上吼出来的，而青海、内蒙古的民歌宽广得如同蓝天和草原一样敞亮。南方的小曲大多轻言慢语，娇弱玲珑，总让人想起江南的采莲曲，鱼戏莲叶东，鱼戏莲叶西，一咏三叹。有这些差别，不仅仅是音乐曲调的原因，也和当地方言的吐字发音有莫大的关系。

戏曲和民歌大体一致，南方的戏曲比如越剧、粤剧、黄梅戏婉转隽永，北方的秦腔、豫剧却是高亢激越。不管是南戏还是北剧，这些地方戏，当地人喜欢，外地人也很喜欢，就算是用方言唱，耳朵都没有隔阂，在今天已经变成耳熟能详的经典了，比如"天上掉下个林妹妹"很多北方人也可以用吴语唱得有模有样。地方戏和地方特有的曲艺形式都是以当地方言为基础，很难想象，如果没有了方言，我们就再难欣赏到越剧、苏州评弹、秦腔、豫剧、川剧等这些多姿多彩的艺术形式，这是多么遗憾的一件事。

随着各地道路交通发达、信息传播手段多样，以及经济文化交往的频繁、普通话的大力推广，方言正在以越来越快的速度在消失。当然，方言含蕴的美感也就随之流失了。

著名主持人汪涵认为不能让未来的孩子只会说普通话和英语，他自掏腰包捐出 500 万元来保护方言："普通话可以让你走得更远，可以让你走得更方便，但是方言，可以让你不要忘记你从哪里出发，普通话让你交流极其顺畅，而方言让你感受到无限温暖。"

几乎所有掌握一种方言的人都有这样的体会，方言中最能传神的一个词或一句话，在普通话中很难捡出可以替代的词或话，无论怎么替代，总缺少那种传神妙处，这就是方言的魅力，也是许多文学家和艺术家钟情方言创作的一个原因。所幸，除了传统的艺术形式外，现在许多电影和流行歌曲的创作，也涌现出许多方言作品，特别是抖音、快手等短视频的出现，更为方言的流传与保存提供了便捷的渠道。

许多年前有部电视剧《武林外传》火遍大江南北，这个剧基本上是个方言的杂货铺，囊括了各地方言。《武林外传》主创在谈到他们的创作时，是这样认为的：

过往的喜剧，总是带有明显的地域特色，这使得南方的戏，在北方反响不大，反之亦然。

本剧的导演是住在北京的四川人，而编剧是在北京生活过多年的上海人，演员则来自天南海北，几个主要角色，分别来自东北、陕西、山东、天津、河北、上海、福建……每次创作会和对词排练，南腔北调好不热闹。这样的创作集体，使本剧完全跨越了地域障碍。

我们相信，无论方言如何变化，笑声却始终不变——因为笑，是没有口音的。

当年，《武林外传》的确做到了让全国笑成一片。

但我们注意到，这个电视剧除了主角佟湘玉，一般角色的对白还是以普通话为主，只在特定环境下，才会使用各地方言。

钟情方言创作的电影作品很多，张艺谋导演的《秋菊打官司》，贾樟柯导演的《山河故人》《三峡好人》等，宁浩导演的《疯狂的石头》，最近反映武汉抗击新冠肺炎疫情的《中国医生》使用的也是武汉方言。

流行歌曲中，除了老牌的粤语歌曲和闽南语歌曲外，现在西北风歌曲和四川话的说唱也开始流行，许多网友对方言歌曲表现出了极大的热爱，表示尽管听不懂在唱什么，但并不影响自己一直单曲循环。

为什么一种不熟悉的语言能够让人们喜欢，给人带来愉悦的感受呢？这同样是我们大脑的潜意识自己创造出来的。

心理学上有一种现象叫作"流畅度效应"。这个心理学研究关注字体对人们准备食物时的态度的影响。实验要求参与者阅读一份日式料理的制作方法，随后为准备菜肴的难度和对厨艺的要求打分，并评估他们回家后做这道菜的可能性。

实验中提供了两份日式料理的制作方法，一份用的字体是流畅圆润的，另一份的字体则比较难以辨认。结果发现，那些读了难以辨认字体的参与者给这道菜的难度评分更高，并且表示不太可能在家做这道菜。因此，心理学家把这个现象总结为"流畅度效应",就是说如果信息的表达形式比较艰涩的话,那么我们对内容的判断和看法就会受影响。简单说,表达和接收信息的流畅度,决定了人们对信息的看法。流畅度高的信息,人们更容易接受,也更喜欢。

同理,那些能走出地域限制,被广大群众接受的方言,流畅度都很高,比如之前说的电视剧《武林外传》,虽然夹杂着很多方言,但是方言和普通话一起对白,很流畅,毫不违和,观众接受起来没有难度,所以才能逗笑观众。

说起喜剧,不能不提一嘴东北方言,因为有春节联欢晚会的加持,东北方言几乎独霸喜剧小品的舞台,一张口就"老高兴了",顺带的好像东北人都人人自带喜感,都和喜剧小品演员一样。东北方言是年轻的方言,相比于闽南语和粤语、晋语,更接近普通话,因此也更有感染力,更易传播,但也看得出来,流行广的东北方言,并不是地道的东北土话,而是融入东北方言元素的东北普通话,基本上活跃在舞台上的方言,都有似于此。

同样,我们之前说的文学作品,也是如此,体现地域特色的多是方言的元素及个别极传神的方言词语,这让作品保持了极高的流畅度,才得以流传。如果通篇全部用一地的方言写成,读者只能是当地的人,就算有很高的文学价值,也流传不广。

　　《海上花列传》是清末的一部吴语小说，胡适和张爱玲对这部书评价极高，一个认为给中国文学开了一个新局面，一个认为可以成为世界名著，袁行霈在他的《中国文学史》中也认为此书人物对话纯用苏白，充分显示了吴侬软语的魅力。所有那些酒筵酬酢，鬓边絮语，乃至相调相侃，相讥相詈，无不声口妙肖，有浓郁的地域文化色彩。然而，对于非吴语地区的读者来说，这些苏白阅读起来不啻于读经书，每个字都认识，放在一起却一脑袋糨糊，与那个用难以辨认的字体打印出来的日本料理制作方法一样，是晦涩难懂的，完全没有流畅度。文人们评价极高的《海上花列传》并没有取得像《红楼梦》《水浒传》那样的文学地位，这也是一个重要原因。

　　因此，方言的美，首先是因为"流畅度效应"。如果一种语言佶屈聱牙，那是没有美感的，也很难流传开来。

　　在这里要说另外一种现象，同为吴语，"天上掉下个林妹妹"里面的口音人们也听不懂，粤语歌曲、闽南语歌曲其实都听不懂它在讲什么，却依然还是会感受到这些语言的美。这首先还是因为它的流畅度，只是这个流畅度来自我们的听觉感受。视觉上，如果你阅读这些歌词，基本是标准的普通话，也很流畅，只是在演唱的时候发了方言的音，并没有形成晦涩和磕绊。

当然，即便使用完全听不懂的方言表达，还是能产生流畅度的，比如电影《搭错车》中的一首歌《酒干倘卖无》，其实一开始完全不知道"酒干倘卖无"是什么意思，但因为放在这首歌的开头，又是简单的一句话，人们很快就熟悉了，而熟悉感增强了流畅度，所以，虽然听不懂，我们还是唱得很开心。只是，当知道这是一句闽南语："有空酒瓶卖吗"之后，更加深了对歌曲的理解。不过，通过这种方式对方言形成美感的情况并不多见。毕竟，大部分人没兴趣费工夫去熟悉一堆在自己看来无意义也无关联的文字。

所以，流畅而熟悉的内容更容易获得大家的美好感受。在中央电视台的一期《中国诗词大会》节目中，选手出场就用粤语朗读唐代韩愈的《早春呈水部张十八员外》："天街小雨润如酥，草色遥看近却无。最是一年春好处，绝胜烟柳满皇都。"婉转的吟诵引起现场用方言读诗的兴趣，诗本身非常美，又是大家熟悉的一首古诗，所以，上海话、陕西话、四川话，其实不管是哪个地方的方言读出来，只要音韵和节奏非常流畅，都是绝美的感觉。足见，方言的魅力，和它的音乐性是分不开的。

命名：骨子里的典雅追求

北京海淀区一个社区排队做核酸，和其他社区不同的是，这里的排队间隔线上印着不同的古诗，大家等候的时候都在低头读古诗，一些小孩子则读出了声。这是社区里一个高一学生的创意，而居委会也立即同意，并付诸行动。

诗教和美育，每一个中国人几乎随处都可以接受，妈妈给孩子喂饭，可能会吟诵"锄禾日当午，汗滴禾下土，谁知盘中餐，粒粒皆辛苦"；看到下雨，可能会教孩子念"春眠不觉晓，处处闻啼鸟，夜来风雨声，花落知多少"；睡觉时候的摇篮曲也有可能是"白日依山尽，黄河入海流，欲穷千里目，更上一层楼"。这种基本文化底蕴的养成，随意地渗透在生活的日常，所以，中国人骨子里都有诗性和文艺性，就算是乡野村夫，对典雅也有着骨子里的追求。

这种追求，渗透在日常生活中，我们中国人在给孩子起名，在小区、楼宇名字的选择，商号、品牌、产品的命名，甚至饭店的菜名中，总是要传承一种诗意，让名字变得典雅有韵味，如同我们传统的诗词曲赋，追求意境美。诗意就这样变得和每个人的生活息息相关，这实在值得骄傲。是汉语的骄傲，也是使用汉语的中国人的骄傲，是中华文明传承五千年的根柢。

所以，我们对语言美的感受可以无处不在。

我们先来看看一些人的名字，这些名字一眼看上去就很有意境，再看，依然很有意境，细细品一下，越发美感十足，让人沉醉，充分体现了文字的魅力。公子扶苏，这是秦始皇的长子，《国风·郑风》中有"山有扶苏，隰有荷花"。扶苏，如一株挺拔的大树，似乎呈现出一个玉树临风的翩翩君子；白居易，名字出自《礼记·中庸》："故君子居易以俟命，小人行险以徼幸。"他的弟弟白行简，名字也特别有味道，且和居易形成对偶，相映成趣，寄予着家长对孩子的厚望；还有南怀瑾，《楚辞》有"怀瑾握瑜兮，穷不知所示"的诗句，大师果然怀瑾握瑜，成为著名的国学大师，致力于中国文化的传承。柳如是、张恨水，都是因为喜欢一句古诗，而改了自己的名字，这类名字当然是很有文学气韵的。沈从文、林语堂、钱锺书可能并未直接取自典籍，但依然流淌出一种书卷气，一如他们创作的文字。

取名的时候钟情于古典意境，和诗文传承有很大关系，和汉字本身的字义美也有很大的关系，不用说给自己的孩子起名力求典雅了，就是给自己小说中的人物取名，也很追求意境，颇有寄意，契合人物的塑造。《红楼梦》中的林黛玉、花袭人、秦可卿，且不论其中暗藏的命运玄机，单看字面就给人唯美的感觉；古龙笔下有李寻欢、西门吹雪，金庸笔下更是多得数不胜数了，任盈盈、周芷若、木婉清……

那些名字，会让人想起古诗的美，真是唇齿生香：任盈盈，"盈盈一水间，脉脉不得语"；周芷若，"始向蓬莱看舞鹤，还过芷若听新莺"；木婉清，"有美一人，婉如清扬"。

在我国的许多城市，街道的名字也充满了诗意：洛阳的勒马听风街，西安的未央路，南京的乌衣巷，济南的曲水亭街，苏州的烟雨桥，杭州的浣纱路，成都的浣花溪，都是生在古诗里的。北京的百花深处胡同因为一首流行歌曲而闻名，其实，新开的一条地铁线上还有一个极美的名字——金台夕照，它是"燕京八景"之一。这些地名，用一句用俗了的话来形容，那就是真的"惊艳了时光"。

中国人对名字有着深深的执念，对追求名字的雅致也有着深深的执念，不用说建一楼、辟一街需要一个好的名字，私人的书房，也一定会想一个文气的名字，杜甫的浣花草堂、梁启超的饮冰室、鲁迅的三味书屋，我两个朋友的书斋名点墨斋、瘦骨斋，也不输韵味。

这种对文字的讲究，也常常体现在翻译外文的时候。

单说名字的翻译，特别是民国的文人们，更是注重译名的优美。他们翻译的外国地名充满了浪漫的色彩，徐志摩《翡冷翠的一夜》是他旅游至意大利佛罗伦萨时写的一首诗，翡冷翠的译名由此诞生。这个译名中的"翡"和"翠"会让人联想到翡翠的颜色和质地，再加上"冷"这个冰凉的感觉，很是给人一种清爽之感，美到醉人。法国的枫丹白露，也是外文译名的神来之笔，一方面保留了和外语相对一致的发音；另一方面创造了非常优美的意境，仿佛看到红枫的颜色，白色的露珠。但实际上，据说朱自清是看到枫丹白露的森林，层林尽染，红白相间，心生喜爱，便起了这样一个美丽的名字。不管是哪种联想，都会让人感到"晓来谁染霜林醉"的意境。香榭丽舍据说是徐悲鸿的贡献，不用知道这是巴黎的一条繁华街道，只看名字就满溢着亭台楼阁、衣香鬓影的富丽堂皇。这些都是民国时期流传下来的影响极大的译名，还有一些并非出自名人之手的译名也能引人遐思，激发出美好的想象来，比如优胜美地、大溪地，单看地名就让人心向往之。

其实，这些地名如果采用纯粹的音译，那真的只是一个符号，完全激不起人的美感，但选择了这些汉字，也许细想并没有实质的意义，但在文化传统的浸淫之下，汉字本身会给你的大脑一个创造和想象的空间，从而带给我们十分美好的感受。

近年来，出现了一个特别奇怪的现象，明明是中国的地名，特别是楼盘的名字，反而不起中国化的名字，而是使用外国名字，比如佛罗伦萨小镇、伊顿公馆、米兰公寓等，仿佛这成了高档和洋气的标志。记得易中天说过，语言是趋炎附势的，经济发达地区的语言总是更容易流行开来。所以，房地产商这样命名也应该是大有深意，有向世界发达城市看齐的国际化思路，但若要说美，在传统的中国人眼里，这样的名字比不过我们的汉语。

列纳德·蒙洛迪诺在他的《潜意识》一书中写到"可乐悖论"现象，这个悖论指的是，可口可乐和百事可乐进行品尝测试，在人们不知情的情况下，总是百事可乐获胜，但人们在选购的时候，却更多地选择可口可乐。一个理所当然的解释就是品牌效应，但是如果问人们："当你们啜饮手中的饮料时，真正品尝到的，是多年以来累积在脑海中的那些令人振奋的可口可乐广告吗？"人们并不这样认为，而是认为他们自己选择的是口感。

但事实并非如此。为此，心理学家做过一个实验。

大脑正中的前额叶皮层负责唤起温暖柔软的感觉。2007 年，研究者召集了一组大脑成像显示前额叶皮层区域有着明显损伤的志愿者，让他们和另一组前额叶皮层正常的志愿者一起进行两种可乐的品尝。和之前的盲测结果相同，当志愿者们并不知道自己在喝什么牌子的可乐时，两组志愿者一致偏爱百事可乐，然而，在知道自己所品尝的可乐品牌后，那些前额叶皮层正常的实验对象选择了可口可乐，前额叶皮层区域有损伤的志愿者，依然选择了百事可乐。这可以说明，在人们丧失了潜意识中感知熟悉品牌所带来的温暖柔软的感觉时，"可乐悖论"就消失了。

熟悉的东西更容易让人产生安全感和亲近感。正是沉潜在潜意识中的对可口可乐的熟悉感驱动了人们的选择，或者还有可口可乐这个名字的"流畅度"，但肯定不是口感。

所以，在商业行为中，商家总是尽可能地唤起人们潜意识中的熟悉感，而消费者也总是乐意"上当受骗"。

大脑本质上并不理性，不能客观地描述一个味道或者感受，而是通过潜意识调动想象来创造出了一个味道或者一种感受，无怪乎尤瓦尔·赫拉利在《人类简史：从动物到上帝》中认为，人类社会的发展也是想象出来的。

对于中国人来说，诗意、艺术和美就是几千年积淀在潜意识中的，也就是所称的传统文化，所以，我们的生活，就连茶名、酒名、菜名都充满诗意，而消费者也总是更喜欢选择那些有着典雅、秀美名字的产品。上面虽然提到过一些起洋名的楼盘，但实际更多的楼盘还是选择了雅致的中国名字。

"杂粮酒""五粮液"这两个品牌你会选择哪一个？毫无疑问是"五粮液"。其实"五粮液"原名就是"杂粮酒"。"吓煞人香"和"碧螺春"都是茶，你更喜欢喝哪一种呢？无疑是"碧螺春"。然而，茶是一样的，只是名字不同，"吓煞人香"更名后才叫"碧螺春"。所以，名字对中国人来说非常重要，牵扯着我们的一生。举凡命名，都不会十分潦草。

其实，去除商业的因素，即使居住陋室，吃粗茶淡饭，只要有一个雅致的名字，能创造出一种美的感受来，中国人的生活就是幸福的。

相传，朱元璋少时家贫，从没吃饱过肚子，就图有口饭吃，17 岁那年出家当了和尚，但不幸的是，因为灾荒，寺中香火冷清，他只好外出化缘讨饭吃。有一次，他一连三日没讨到东西，就饿晕在街上，后来一位路过的老婆婆救了他，带他回家，并将家里仅有的一块豆腐和红根绿叶的一小撮菠菜，和一碗剩粥煮到一起，喂给朱元璋吃。朱元璋吃饱之后，精神大振，问老婆婆给他吃的是什么，老婆婆很文艺，就开玩笑说叫"珍珠翡翠白玉汤"。后来，朱元璋当上皇帝，尝尽了天下美味佳肴，时间一长吃腻味了，突然想起当年在家乡要饭时吃的"珍珠翡翠白玉汤"，非要让手下找回老婆婆，给他做一回"珍珠翡翠白玉汤"，只是，此一时彼一时，哪里还能吃出当年的香味！

后来，好多地方的菜品中有这道"珍珠翡翠白玉汤"，只不过是地域不同，食材不同，"珍珠翡翠白玉汤"也形成了不同的地方特色。

中国人对菜名的追求也是没谁了，有时候看菜名根本不知道食材是什么，非常写意，让人充满了想象，食客对此常常明知道是坑，还是十分干脆地踩进去，因为名字太有吸引力了呀。

我第一次见识这种命名是就餐时遇到了"雪山火焰"，雪山火焰，红的热烈，白的纯粹，多么美的景色，其实就是我们家常的糖拌西红柿。人在吃饱饭之后，就会有文化的需求，吃的是一种感觉，美好的感觉。青椒炒红椒会命名为"绝代双骄"，野生鳊鱼可以称作"浪迹江湖"，真是创意无穷，用人们的想象补足了菜品的味道。

许多名人也加入了创意菜名的行列。抗战前夕，京剧大师梅兰芳先生去徐州演出《霸王别姬》，演出结束后东道主设宴饯行，席上有一道菜，一大瓷盆里有鳖有鸡，汤味浓郁，鸡鳖酥烂，梅兰芳先生品尝了之后大加赞赏，自此，款待他的这道菜便贯以"霸王别姬"的雅称，并成为一道名菜。

自古以来，吃就是中国文化中重要的一环，大吃货苏东坡把典雅的古诗也变成了他宣传美食的文案，至今还有一道名菜以他的名字命名"东坡肉"，他活成了中年人心中的神。他诗词中的美食，从视觉到味觉激发了人的无限想象，从语言到食物都让人唇齿生香。

《惠崇春江晚景·其一》："竹外桃花三两枝，春江水暖鸭先知。蒌蒿满地芦芽短，正是河豚欲上时。"写春景，这是上乘之作，写美食，蒌蒿、芦芽鲜嫩，河豚肥美，都是春天里的时鲜蔬食，引人食欲，有没有觉得又有诗意又好吃。

苏东坡很喜欢吃徐州的蝴蝶馓子，香脆可口、咸淡适中，外形还美观，一身才华，怎么能辜负了美食，于是写道："纤手搓来玉数寻，碧油煎出嫩黄深。夜来春睡无轻重，压匾佳人缠臂金。"（《寒具诗》）

吃个豆粥，也写一首《豆粥诗》："江头千顷雪色芦，茅檐出没晨烟孤。地碓春秔光似玉，沙瓶煮豆软如酥。"

有才华、重情义、爱美食的苏东坡，一生干的最多的事儿却是被贬。抖音上有个小视频，用一匹小马的动图形象地展现了苏东坡奔波的一生，别说是交通工具只是个马匹，换成汽车，那公里数也少不了。因为和王安石政见不合，又一次被贬，这次是贬到黄州了，《初到黄州》，有点郁闷，"自笑平生为口忙，老来事业转荒唐"，然后下一句"长江绕廓知鱼美，好竹连山觉笋香"，瞬间觉得黄州也很美好，鱼美笋香，没有什么不是一顿美食解决不了的，如果不行，那就两顿。"携白酒、鲈鱼等物，虽非珍馐美馔，然与好友醉饱高眠，而乐亦在其中矣。"（《二月十九日携白酒鲈鱼过詹使君食槐叶冷淘》）

这，就是苏东坡。

不只是苏东坡，李白、杜甫、黄庭坚、李商隐，一众文人，特别是唐宋时期的文人墨客，哪个没有写过几首关于美食的诗词，我们只在菜名上做文章，比起古人来，还是少了许多意趣。

不过话说回来，一个菜名都要创意、写意、诗意，如果斩断和传统文化的连接，中国人的生活将会缺失一些值得咂摸的意义、价值、风雅和味道。

第三章

激发人的感性冲动

美是一种情绪，一种感受，不需要理由，也无须论证，就在霎时间，接触到一幅画、一座雕塑、一座山、一条河、一句话、一本书的那一刻，激发起大脑边缘系统的感性冲动，让人产生怦然心动的感觉。

心动即是美感，语言这个抽象的符号，通过触发人的想象、通过唤起人的音乐感觉、通过传神的比喻，由大脑进行完形，创造出一个美的世界。

"千山鸟飞绝，万径人踪灭。孤舟蓑笠翁，独钓寒江雪。"（唐代柳宗元《江雪》）美是非功利的、非理性的，是个人的，也是无用的。

汉语的意境：美在浮想联翩

汉语意境的美，离不开产生美感的基础：想象。看下面这样一段文字：

莺飞草长，江南柳软

雨轻轻梨花院落

风淡淡杨柳池塘

小桥、流水、乌篷船

点缀了杏花、烟雨、江南

……

读到这些文字，大部分人都会觉得特别愉悦，眼前就会浮现出江南的春天："暮春三月，江南草长，群莺乱飞。""梨花院落溶溶月，柳絮池塘淡淡风。"仿佛行走在唐诗宋词里。

就创作本身来说，这算不上是上乘之作，只是简单罗列出"莺""草""柳""杏花""烟雨""小桥""流水""乌篷船"这些意象，但我们依然感受到了美，这是为什么呢？因为第一，这些词非常具体，很容易就可以被视觉化，眼前就会呈现出一幅江南美景的画面来，使我们如同置身其中。第二，我们自己会从古典诗词中涵养出情景交融的"意境来"，也就是说，我们根据自身的经历或是阅读经验，给这些景物注入人的情感。

这就是汉语的魅力。

经过千年积淀，有的词语本身就很有意境，就像上文的"江南"，就算不提杏花、春雨、小桥、流水，江南也包含了这些美景和吴侬软语，总会和温婉、柔情联系在一起。

中国的文学和艺术很讲究意境，文学、书法、绘画等艺术形式，均以"意境"为美的最高境界。具体到语言文字，通常认为意境美是指文学作品中所描绘的生动图景和所体现的思想感情融合一致而形成的艺术境界，以有形体现无形，以有限表达无限，甚至有点心有戚戚而不可名状的妙境。

语言文字的妙境在于能够触动读者想象的机关，让读者浮想联翩，能够视觉化呈现意境中的景，能够通过读者的完形，以故事的形式表达意境中的意，能够找到情感的最大公约数，让意境中的情引起更多人的共鸣。因此，我认为：

意境之美在于具象化、可感知。

意境之美在于有故事，有情节。

意境之美在于有情感，能共鸣。

意境之美在于具象化、可感知

先来看这样几个成语：一箭双雕、守株待兔、万马奔腾、鸟语花香、玉树临风、人山人海、车水马龙，只要看到"一箭双雕"，我们脑海中就会呈现出一幅画面，比如古代的一个勇士拉弓射箭，一下子就射下两只大雕的样子；看到"守株待兔"，也会浮现一个人靠着一棵大树等兔子折颈而死的图画，"万马奔腾""鸟语花香"莫不如是。

鲁迅所称汉字的义美，首先在于它是感性的、直观的，读到它，立即就会进行视觉化呈现，可用身体的器官进行感知，听得见，闻得到，如同身临其境一般。

"疏影横斜水清浅，暗香浮动月黄昏。"（北宋林逋《山园小梅·其一》）诗句之所以让人觉得美，首先在于脑海中出现了这样的场景：黄昏的水岸边，梅树的树枝斜斜地逸出，在月光的光晕里，树的影子仿佛写意的中国画一般，随意几笔。枝头的梅花，稀疏有致，隐隐约约飘出花香，经意或不经意地浮散在空气里。有视觉、有味觉，画面立即就立体起来。

还有唐代王勃《滕王阁序》名动千古的名句"落霞与孤鹜齐飞，天水共长天一色"，被称为写景状物的典范，展现的画面有多美？看看后世有多少人用摄影、用画笔描摹和呈现这绝美的景色就知道了。

"落霞与孤鹜齐飞，天水共长天一色"描摹的是深秋暮色，碧蓝的天空倒映在澄澈的江水中，晕染得天水一色，漫无边际，天空仿佛也随着流动的江水，变得悠长悠长，"共"字给天和水注入了情感，天和水仿佛休戚与共；夕阳西去，晚霞映衬着天水碧色，一只野鸭子冲向天际，像是在和晚霞一起伴飞，相依相随，"齐飞"的"齐"和"共"一样，给落霞赋予了生命，"飞"则让画面流动起来。读来，我们仿佛独立岸边，置身其中。

后人读这两句诗，都读出了自己的人生况味，有的认为秋水长天，天地辽阔，人生豪迈；有的认为，落霞孤鹜，境界悲凉，岁月短暂。不管读者给这个场景注入多少不同的情感，眼前呈现的画面却是清晰而一致的，可以感知得到。

"落霞与孤鹜齐飞，天水共长天一色"在创作技巧上也堪称高绝，在句式上不但上下句相对，而且在一句中自成对偶，如"落霞"对"孤鹜"，"秋水"对"长天"，形成"当句对"的特点，所以，历来被认为是意境绝美的千古绝唱。

具体的，可以视觉化的、具有生命力的事物更能调动人的情绪，因为具象的才是感人的，感性更易动人心弦。

有这样一个心理学实验，研究人员写了两封募捐信，为非洲筹集善款。

第一封信是这样写的：

马拉维的食物短缺问题波及 300 多万名儿童；安哥拉共有 400 万国民（相当于全国人口总数的 1/3）被迫背井离乡；埃塞俄比亚至少有 1100 万人迫切需要粮食援助……

第二封信是这样写的：

您的全部捐款将转交给罗基娅——非洲马里的一个 7 岁小女孩。罗基娅极度贫困，正面临严重饥饿，并有饿死之虞。您的倾囊相助将会改善她的生活……

研究人员召集了两组被试，分别用这两封募捐信邀请他们捐款，两组被试全都捐了款，但看第一封信的人平均只捐了 1.14 美元，而看第二封信的人平均每人捐了 2.38 美元。

第一封募捐信用统计数据概括了非洲的整体情况，而第二封募捐信只提到了一个受灾的小女孩，如果用三重脑理论看，第一封信刺激的是理智脑，第二封信刺激的是情绪脑。

1994 年，南非记者凯文·卡特的摄影作品《饥饿的苏丹》成功获得了那一年的普利策新闻特写奖，照片右下角是一个头大如斗、瘦骨嶙峋的黑人小女孩儿，因为饥饿体力不支，已经跪倒在地，就在她身后不远处的地方一只饥饿的秃鹫正在虎视眈眈地注视着她，好似在等待她死亡，随时准备冲上前去饱餐一顿。

如果人们看到过这个作品，第二封信读完以后，脑海里一定会浮现出这张震撼人心的照片。即使没看到这张图片，一个饥饿的7岁的小女孩也是一个具体可感的形象，会催动人心中的同情，生出愿意为她做点什么的冲动。

语言的视觉化呈现到底有多大的魔力，我们先来看看这样一首词作：

> 东南形胜，三吴都会，钱塘自古繁华。烟柳画桥，风帘翠幕，参差十万人家。云树绕堤沙，怒涛卷霜雪，天堑无涯。市列珠玑，户盈罗绮，竞豪奢。
>
> 重湖叠巘清嘉，有三秋桂子，十里荷花。羌管弄晴，菱歌泛夜，嬉嬉钓叟莲娃。千骑拥高牙，乘醉听箫鼓，吟赏烟霞。异日图将好景，归去凤池夸。
>
> （宋代柳永《望海潮·东南形胜》）

这是柳永写杭州繁华美景的一首词。据宋人罗大经《鹤林玉露》记载："此词流播，金主亮闻歌，欣然有慕于'三秋桂子，十里荷花',遂起投鞭渡江之志。"这个故事流传得有鼻子有眼,据说,完颜亮挥兵南下时,还在南宋使团中安插了一个画工,专门为他描绘临安的山水,还题了一首诗《南征至维扬望江左》:"万里车书一混同,江南岂有别疆封。提兵百万西湖上,立马吴山第一峰。"用来抒发自己的雄伟抱负,势要将南宋纳入金朝的版图之中。

为了一首词描绘的美景发动一场战争,怎么听着都觉得太过浪漫,也太过轻率,当然也不会是真正的原因,只是有一点是肯定的,完颜亮垂涎于江南鱼米之乡的富庶,垂涎于"有三秋桂子,十里荷花"的江南美景。

词中描绘的钱塘美景一一呈现在眼前:烟幕低垂,杨柳依依,雕画的拱桥,风中的帘子,街市的繁华,悠扬的羌笛,泛舟的钓叟……如同一幅工笔画。

网友吴百兰对"三秋桂子,十里荷花"是这样描述的:"三秋"为时间轴,"十里"为空间轴;"桂子"为嗅觉,"荷花"乃视觉。四维来袭,怎能不"引无数英雄竞折腰。"

的确也是如此,因为草长莺飞,杂树生花,我几乎年年都会去江南看春天,因为三秋桂子,十里荷花,我一直惦记着一定要在秋天的时候去一趟杭州。相信很多人都有同样的感觉。

意境之美在于有故事，有情节

我们一直在阐述，具体的、感性的、可以通过感觉器官进行认知的意境，更容易调动人的情绪，但意境之所以能成为艺术的最高境界，并非只是简单的感官调动和简单的情景交融，而是蕴含着更广阔的人生境界和人生感悟。

李泽厚认为，作者所能感受到的人生，予以景物化的情感抒写，才造成艺术的境界。景物化的情感抒写是一种惯常的表达手法，也显得更加符合人们对艺术的理解。但意境之"意"，还有另外一种表达手法，那就是意象的故事化。这也是作者留给读者的想象和再创造。

有一种说法，一首好的诗歌都在讲述一个故事，这个说法可能有些偏激，但是每一首诗歌中都会存在可以故事化的意象，或者说，一定会有讲故事的成分，我们可以通过大脑的完形，补充出一些情节和故事场景，《诗经》中的《采薇》《氓》，是在讲故事，汉乐府中的许多诗也都是有故事的，《古诗十九首》几乎是一首一个故事，还有唐诗中的李白、杜甫、白居易的古风和歌行体诗作，即使简短如绝句，也少不了故事的成分，比如唐代崔护《题都城南庄》："去年今日此门中，人面桃花相映红。人面不知何处去，桃花依旧笑春风。"

先看唐代李白的一首诗《月下独酌四首其一》：

花间一壶酒，独酌无相亲。

举杯邀明月，对影成三人。

月既不解饮，影徒随我身。

暂伴月将影，行乐须及春。

我歌月徘徊，我舞影零乱。

醒时相交欢，醉后各分散。

永结无情游，相期邈云汉。

这首诗，语言浅显，除了最后两句，大概连黄口小儿都能懂得。但就是这最直白的描述中蕴含着对人生、对宇宙的大感悟，可以称得上是有"境界"的作品。

感官的认知是第一层触动，在一个月夜，屋外花开得正好，月光倾泻在花间，光影斑驳，桌前，一人、一壶、一杯，举酒独饮。场景是具体的，画面感十足。

故事的阐述是第二层触动，"举杯邀明月，对影成三人"，这是一个人、月、影架构的故事，人世间没有朋友，"独酌无相亲"

嘛，于是作者举杯邀月、低头约影，月亮、影子成了作者邀来的高朋与酒友，气氛也变得热闹起来，但"月既不解饮，影徒随我身"，"三人"的故事终究变成了旷世的孤独，人是孤独的，月是孤独的，影是孤独的，他们各有自己的人生和经历，各有自己的情感和风骨，他们原本是因为作者的孤独而走到一起的，但因为互相的"不解"，只能情知不是伴，是即且相随，这一刻，他们暂时相伴，且歌且舞，且斟且饮，及时行乐，那一刻，相会无期，还是各自高傲，各自寂寞。从孤独到热闹再到寂寥，"三人"的一场宴饮故事，写出了诗人生命的体悟，无一字说孤独，无一处不孤独。

孤独，是人生永恒的命题，许多憧憬、纷繁与热闹，反而更衬托出生命的真相。这种故事化的写法在现代的诗歌、歌词创作中，也是常见的。在《中国好歌曲》综艺中，中国民谣歌手赵雷填词、编曲、演唱的一首歌曲《画》也很好地体现了这种美感。《画》同样以孤独为主题，作品使用画笔为主线，以想象为依托，使用故事化的叙说，展现了意境之美。语言并不分典雅与通俗，只要能触动人的心灵，激发人的感性冲动，就会产生美感。

为寂寞的夜空画上一个月亮

把我画在那月亮的下面歌唱

为冷清的房子画上一扇大窗

再画上一张床

依然是开头就呈现出了画面，漆黑的夜空，高远的月亮，冷清的房子，一个孤独的人。下面的画的姑娘、灶炉与柴火、绿岭和青坡，雨点飘落的稻田，弯曲的小路……那都是农耕社会的家常的生活，这些意象通过人大脑的完形，形成了一个有情节的故事：我和姑娘过上了柴米油盐、富足温暖的生活，田园生活的幻想就是中国人的精神家园。

接下来，故事的情节更加丰满：

画上母亲安详的姿势

还有橡皮能擦去的争执

画上四季都不愁的粮食

悠闲地　人从没心事

故事的讲述延展到现实的生活，安详的母亲、孩子和母亲的争执、关于粮食的努力，相信这些情节都牵引出了我们心中的往事，然而，故事的走向是这样的：

> 我没有擦去争吵的橡皮
>
> 只有一支画着孤独的笔
>
> 那夜空的月也不再亮
>
> 只有个忧郁的孩子在唱

尽管对生活有无尽的期许，尽管生活中也有母亲般的温暖，然而生命的本质还是孤独的。然而，正如罗曼·罗兰所言："看清这个世界，然后爱它。"看清生命的本质，然后依然充满对美好生活的追求与向往，这大概就是人生的意义。

故事化、情节化的过程，就是对"意境"的诠释和感受，会让我们以新的视角新的角度去看待和理解"意"的意义，从而也有更深地体悟更广阔的人生境界和人生感悟。

故事的形式为什么对人类如此重要？

《西雅图时报》的托马斯·亚力克斯·蒂松是这么回答的："感谢上帝，世界上有故事。感谢上帝，有人有故事可讲，有人讲出了故事，有人咀嚼这些故事，一如这是他们灵魂的食粮——而故事确实就是灵魂的食粮。"故事的方式，比起抽象的图景，更容易让我们从这些灵魂的食粮中咀嚼出"意义"。心理咨商师周志建在《故事的疗愈力量》中认为意义是重要的，人是一种"要意义"的动物。

一个故事不只有一种诠释方式，一个人在咀嚼故事的过程中，才会体察到那个意义，或者说，才会发掘出不同的意义。

王国维在《人间词话》里有个关于人生三境界的提法，借用了三句古诗词，他说：

古今之成大事业、大学问者，必经过三种之境界："昨夜西风凋碧树，独上高楼，望尽天涯路。"此第一境也。"衣带渐宽终不悔，为伊消得人憔悴。"此第二境也。"众里寻他千百度，蓦然回首，那人却在，灯火阑珊处。"此第三境也。

第一个境界的这句词出自宋代词人晏殊的《蝶恋花·槛菊愁烟兰泣露》："槛菊愁烟兰泣露，罗幕轻寒，燕子双飞。明月不谙离恨苦，斜光到晓穿朱户。　昨夜西风凋碧树，独上高楼，望尽天涯路。欲寄彩笺兼尺素，山长水阔知何处？"

晏殊这首词妥妥是一个爱情故事，情人不知道去了哪里，留下自己一个人，看见鲜艳艳的花花草草是在哭泣；看见燕子不懂事，我一个人，你还在成双成对；看见明月也不懂事，你见过我们卿卿我我，现在我一个人了，你还来让我想起情人。昨天夜里西风惨烈，凋零了绿树。我独自登上高楼，望见弯弯曲曲的道路不知通向何方，想给我的心上人寄一封信，但高山连绵，流水无尽，不知道你在哪里。

第二个境界的这句词引用的是北宋柳永《蝶恋花·伫倚危楼风细细》："伫倚危楼风细细，望极春愁，黯黯生天际。草色烟光残照里，无言谁会凭阑意。　　拟把疏狂图一醉，对酒当歌，强乐还无味。衣带渐宽终不悔，为伊消得人憔悴。"

柳永的这首词也是讲述一个爱情故事，暮色中登上高楼，离恨如同春草一样在微风中摇曳，愁绪无边无际，这里还描写了一个心理活动，本想饮酒长歌醉后不再思念，谁知道连装欢乐也不想装了，我宁愿任由自己日渐消瘦到衣服变得宽大，神色变得憔悴，爱得如此艰辛也如此无悔，这背后的爱情得有多么动人，多么情真意切。

第三个境界的这句词出自南宋辛弃疾《青玉案·元夕》："东风夜放花千树。更吹落、星如雨。宝马雕车香满路。凤箫声动，玉壶光转，一夜鱼龙舞。　　蛾儿雪柳黄金缕，笑语盈盈暗香去。众里寻他千百度。蓦然回首，那人却在，灯火阑珊处。"

辛弃疾这首词比前两首复杂，但依然可以看作一个爱情故事，情人在元宵节约会的故事，天上的烟花和街上的花灯交相辉映，香车宝马充斥道路，"社火"百戏热闹非凡，过尽的莺莺燕燕都不是自己的恋人，猛一回头，她在灯火零落之处独自美丽。

说它复杂，是因为作者的身份和遭遇，让这首词在创作之初，就被赋予了别样的意义，梁启超称其"自怜幽独，伤心人别有怀抱"。

辛弃疾创作这首词时，强敌压境，国势日衰，而南宋统治者却偏安江南，属意"主和"，"主战"的辛弃疾空怀报国之志，却无路请缨，只能眼看着国家分裂，山河破碎，因此对词人苦苦寻觅的"那人"的身份，历来有各种解释，有人认为是实指，是作者的意中人，也有人认为是孤独的词人自己，还有人认为是指当时的皇帝。因为在屈原的楚辞中，常常用美人来譬喻君主，表达自己对君王的忠心，这使得"美人"也成为诗词中的一个意象，赋予其深刻的含义。

这个并不重要，我们姑且把这首词也看作是讲述了一个爱情故事。

王国维从这三首原本描述爱情故事的词中"断章取义"，将没有关联的几句诗，解读出了成就大事业大学问上的境界，这就是他解构故事的"意义"，也是他的"意境"。

晚清谭献《复堂词录》在序言中写道："作者之用心未必然，

而读者之用心何必不然。"这和沈德潜在《唐诗别裁集》的"凡例"所说"古人之言，包含无尽，后人读之，随其性情浅深高下，各有会心"如出一辙。古代文论也多持此观点，作者创作出一个作品，解读就成为阅读者的任务了，读者凭借自己的知识、品位、人生境遇、社会环境，赋予它更深刻的意义。但是有一点，这种解读，不能是天马行空，了无关联。"意义"必须是精神内核上要和原作有所沟通。

"昨夜西风凋碧树，独上高楼，望尽天涯路。"这是一种渴望，远方的情人在哪里，山长水阔不知所踪，但依然坚定：独上高楼，望断天涯。我不怕孤独，我心存向往，我坚守自己的目标。这和人生成事业、做学问虽然艰难，看不到光明，但依然抱守理想，心中确定了自己的目标的，有了苦苦追寻的方向，从精神上是一致的。

"衣带渐宽终不悔，为伊消得人憔悴。"表达爱情的执着，这是一种比较文人化的说法，但是这种坚定、热忱，让我想起古乐府诗《上邪》："上邪！我欲与君相知，长命无绝衰。"虽然没有"山无陵，江水为竭，冬雷震震，夏雨雪，天地合，乃敢与君绝"的决绝，但充满了文人式的无怨无悔和不顾一切。成就一番事业，做成一番学问，没有这种专一与坚定，没有全力以赴、砥砺前行，没有克服困难、百死不悔的毅力，就不会取得理想的成果。这和"衣带渐宽终不悔，为伊消得人憔悴"的爱情异曲同工。

"众里寻他千百度，蓦然回首，那人却在，灯火阑珊处。"踏破铁鞋，寻而不得，不是所有的坚持都会有收获，也不是所有的能力都能有成功，爱情和事业都是一样的，有时候希望就在眼前，却还是触手难及，有时候锲而不舍追寻，却总是难以企及，只留下隐约的暗香，提醒你曾经的坚守与追寻。当不断地失落，不断又鼓起前行的勇气，当想要放弃的时候，柳暗花明，在不经意的地方，有惊喜等你，可能是你心爱的人，也可能是你另一重的人生境界，事业成就。

王国维的这种体会，也引发了后世从事文艺工作的，看到了文艺创作的三重境界，研究佛学的看到了悟道参禅的三重境界。

新的意义的发掘，反过来也会形成一个新的意象，这是很有意思的一种现象。

汪曾祺先生在他的散文《夏天》中有一段话写栀子花：

　　凡花大都是五瓣，栀子花却是六瓣。山歌云："栀子花开六瓣头。"栀子花粗粗大大，色白，近蒂处微绿，极香，香气简直有点叫人受不了，我的家乡人说是"碰鼻子香"。栀子花粗粗大大，又香得掸都掸不开，于是为文雅人不取，以为品格不高。栀子花说："去你妈的，我就是要这样香，香得痛痛快快，你们他妈的管得着吗！"

汪曾祺先生的确是驾驭文字的好手，这段描述中，也是有故事感的，栀子花的形象——"粗粗大大"，性格特点——"香得掸都掸不开"，故事情节——"文雅人不取"，于是就有了一声豪爽的国骂。

栀子花的确不是文人的钟爱，虽然也有常常入诗，但似乎总是陪衬。唐代韩愈有写过"升堂坐阶新雨足，芭蕉叶大栀子肥"（《山石》）。唐代王建也有"妇姑相唤浴蚕去，闲着中庭栀子花"（《雨过山村》）的诗句。杜甫倒是专门写过《栀子》，狠狠地把栀子表扬了一番，因为它浑身都是宝，都很有用。宋代杨万里也有一首诗《栀子花》替栀子花抱不平："树恰人来短，花将雪样看。孤姿妍外净，幽馥暑中寒。有朵篸瓶子，无风忽鼻端。如何山谷老，只为赋山矾。"栀子高高大大的，长得同人差不多高，花形和颜色都和雪一般，栀子花姿态艳美，素净雅致，香气馥郁，在酷暑中看见就感到一股清凉惬意的花香，还可以插养在瓶中，即使没有风，也会香气扑鼻。为什么黄庭坚只对海桐花情有独钟，却不曾吟咏过栀子花呢？瞧瞧，栀子花到底也没有形成一个意象，没有特定的含义。古代诗词中有许多固定的意象，得到文人墨客的一致认可，比如，莲花，象征高洁的人格；梅兰竹菊，象征君子之风；杨柳，寓意离别；大雁，寓意羁旅之思；凭栏，基本就是凭吊古人；登台，则是远望思归。栀子花就那样，也会随意地偶然出现在诗人笔下，终没有自己的风格与象征。

反而在汪曾祺先生笔下，栀子花活泼泼很有性格，给人留下特别深刻的印象，可以成为一个审美意象，热情豪爽，特立独行，就那样痛痛快快怒放着自己的生命。每一个生命都有自己的风格，每一种风格都值得欣赏，每一个生命都可以自我定义，成为自己想成为的样子，这会是栀子花的"意境"。

所谓意境，我以为重要的是"象外之象""景外之景""味外之旨"，能够超越语言本身的内涵，获得"文外之重旨"（刘勰《文心雕龙》）。

意境之美在于有情感，能共鸣

汉字如同中国画一样，有魅力的正是它的"写意"，这种寥寥几笔的言简意赅，还有延宕千年的人类共同的情感，成为中文的灵魂，让人回味无穷。在既形象化，又抽象化的表述中，我们的情感在自我的想象中，在广泛的范围内通过阅读作品与作者产生共鸣，对作者所表之意感同身受，从而深深领悟了"有意境"的含义。

王国维说："何以谓之有意境？曰：写情则沁人心脾，写景则在人耳目，述事则如其口出是也。"这些情、景、事虽是一时之情、一地之景、一人之事，但因为其中往往蕴藉着作者的真情实感而有了超脱时空的广泛意义，透过语言文字让读者感受到移情的意境之美。

比如《诗经·桃夭》："桃之夭夭，灼灼其华，之子于归，宜其室家。"这是一首祝贺姑娘出嫁的诗，诗人以桃花起兴，为新娘唱了一首赞歌。其中"灼灼"一词，写尽了桃花的鲜艳，也创造了鲜花美人的意境：在婀娜的桃枝下，新娘款款而来，娇媚的脸庞泛着红光，仿佛盛开的桃花娇艳欲滴——"桃之夭夭，灼灼其华"，在春日骄阳下，如桃花般娇媚的少女新娘，就这样走进了万千读者的心间。后来唐诗里"人面桃花相映红"的佳句，也是从这个意境生发而来的。但是，即便如灼灼桃花美艳不可方物，仍然不够尽美，还必须有使家庭和睦的美德，所谓"之子于归，宜其室家"，才是尽善尽美的完美。

三千年前的婚姻如图画一般，不曾有丝毫褪色，不曾减弱当初馥郁的芳馨。三千年后，我们犹听到那古乐的喧闹和新人的欢笑，不禁遥生出对春天最真切的爱慕。《桃夭》这首诗，用质朴的语言描绘了先秦时期人们至纯至真的情感，至今仍感动着你我。

又如《越人歌》："今夕何夕兮，搴舟中流。今日何日兮，得与王子同舟。蒙羞被好兮，不訾诟耻。心几顽而不绝兮，得知王子。山有木兮木有枝，心悦君兮君不知。"这首诗本是划船的越人为游湖的楚国王子鄂君子皙唱的歌，大意是与王子同舟，不被嫌弃责骂，身份卑微的越人，倍感荣幸，心情激动。"山有木兮木有枝"是一个比兴句，既以"山有木""木有枝"兴起下面一句的"心悦君""君不知"，又以"枝"谐音比喻"知"。在自然界，山上有树树上有枝，顺理成章；但在人间社会，自己对别人的感情深浅归根到底却只有自己知道，许多时候你会觉得自己对别人的感情难以完全表达，因此越人唱出了这样的歌词。"山有木兮木有枝，心悦君兮君不知"表达的是越人对楚王子知遇之恩的感激之情，以至心绪荡漾，本与爱情无关，但因为这种情感抒发得十分含蓄与写意，通过相对普通的"山"和"木"进行意境营造，用字平易却意蕴深长，饱含浓浓诗意，余韵袅袅，以至于后人变更了它的本意，把自己的情感寄意于此诗，这句诗也成为暗恋隐晦而唯美的表达。

清代诗论家王夫之论诗，"以意为主"，他在《夕堂永日绪论》中谈到情与景的关系时说："不能作景语，又何能作情语邪？"因此在情与景的关系上，要求把情放在首位，景服从于情并表现情，使景中有情，情中有景，情语待景语而厚，景语因情语而活，二者相辅相成，相互交融。但二者相较，情语更难写好，所以王夫之认为，不能写出寓情于景的"景语"，便难写出以景见情的"情语"。王国维继承和发展了王夫之关于"景语"与"情语"的主张，进一步提出"一切景语皆情语"的观点。也就是说，写景的目的，就是为了抒情，情是根本，景（色）是依托。

人共此景，人共此情，所以才会有触景生情，情由心生，多情的诗人可以诗意化地把玩文字去表述眼前的景象，而阅读的人却如同回声一样，遥相呼应，读出了自己心中的况味，这便是为文之意境。

《西厢记·长亭送别》最沁人心脾的是以景写情、借景抒情，堪称典范。

《西厢记》是元代王实甫所作杂剧，全剧叙写书生张生（张君瑞）与相国小姐崔莺莺在侍女红娘的帮助下，冲破孙飞虎、崔母、郑恒等人的重重阻挠，终成眷属的故事。《长亭送别》是其中一折，写张生进京赶考，崔莺莺十里长亭与之送别的场景：

（旦、末、红同上）（旦云）今日送张生上朝取应，早是离人伤感，况值那暮秋天气，好烦恼人也呵！"悲欢聚散一杯酒，南北东西万里程。"

［正宫·端正好］碧云天，黄花地，西风紧，北雁南飞。晓来谁染霜林醉？总是离人泪。

这曲［端正好］是历来公认的写景名句，碧云、黄叶、绿波、翠烟，构成一幅美丽的秋景图画。"碧云天，黄花地"二句一高一低，一俯一仰，展现了际天极地的苍茫秋景。再加上漫山的红叶，是一幅由蓝、黄、红构成的立体感极强的绚烂秋光图。"碧云天，黄花地，霜林醉"本来是刚走出家门的崔莺莺去长亭的路上看到的美丽秋景，但是在充满离愁别绪的莺莺眼中，是西风的清冷，是北雁南飞的离绪，美景染尽离人的哀愁与泪水，自然景境的色彩全是人物的心境，美的意境与悲的气氛相反相成。

（张生与老夫人、方丈把酒了，坐）（旦长吁科）

［脱布衫］下西风黄叶纷飞，染寒烟衰草萋迷。酒席上斜签着坐的，蹙愁眉死临侵地。

〔脱布衫〕继续描绘秋景：西风，黄叶，寒烟，衰草。夕阳西下，西风渐紧，"黄叶纷飞"，叶子落得又多又急，肃杀的秋意袭上身来。再笼以寒烟、缀以衰草，一动一静，愈觉凄冷。饯行之宴就在这样一个冷风冷色的场景展开，这仍是莺莺眼中的秋景。在即将分别的筵席上，二人有多少知心宽慰的话要向对方表白啊，可是一切都是沉默，只剩下两个人的叹息声。这沉默和叹息埋藏着莺莺心中无限的"怨"。目睹眼前瑟瑟的西风、黄叶、寒烟和衰草，莺莺的怨情滚滚涌出。

〔四边静〕霎时间杯盘狼藉，车儿投东，马儿向西，两意徘徊，落日山横翠。知他今宵宿在那里？有梦也难寻觅。

（旦云）张生，此一行得官不得官，疾早便回来。……（旦唱）

〔四煞〕这忧愁诉与谁？相思只自知，老天不管人憔悴。泪添九曲黄河溢，恨压三峰华岳低。到晚来闷把西楼倚，见了些夕阳古道，衰柳长堤。

宴席结束，余人散去，唯有一对恋人和红娘。"两意徘徊"言二人依恋难舍，但"落日山横翠"，又不得不分手了。看到眼前的横山，心不禁一沉，因为没有山的阻挡，分手之后，还能以目相送片刻，使思念之情得到慰藉。当望断青山，"有梦也难寻觅"时，莺莺只能独倚西楼，怅望古道衰柳了。

爱情，从来是千古永不过时的话题，这一段戏文把男女之情写到了极致，崔张二人就在这样的意境时空下"话别"，从而演绎了一曲"两情若是久长时，也在朝朝暮暮"的情爱恋歌。

人类的共同情感，最大限度的普遍传达，这就是意境之美。

汉语的节奏：美在音声相和

鲁迅在《汉文学史纲要》中说汉字具有三美：意美以感心，一也；音美以感耳，二也；形美以感目，三也。

我们先来感受一下：

《弹歌》

断竹　续竹　飞土　逐宍

《国风·秦风·无衣》

岂曰无衣？与子同袍。王于兴师，修我戈矛。与子同仇！

岂曰无衣？与子同泽。王于兴师，修我矛戟。与子偕作！

岂曰无衣？与子同裳。王于兴师，修我甲兵。与子偕行！

《楚辞·九歌·少司命》

秋兰兮麋芜，罗生兮堂下。

绿叶兮素华，芳菲菲兮袭予。

夫人自有兮美子，荪何㠯兮愁苦？

秋兰兮青青，绿叶兮紫茎。

满堂兮美人，忽独与余兮目成。

入不言兮出不辞，乘回风兮载云旗。

悲莫悲兮生别离，乐莫乐兮新相知。

《古诗十九首·迢迢牵牛星》

迢迢牵牛星，皎皎河汉女。

纤纤擢素手，札札弄机杼。

终日不成章，泣涕零如雨。

河汉清且浅，相去复几许？

盈盈一水间，脉脉不得语。

《送元二使安西》王维

渭城朝雨浥轻尘，客舍青青柳色新。

劝君更尽一杯酒，西出阳关无故人。

《黄鹤楼》崔颢

昔人已乘黄鹤去，此地空余黄鹤楼。

黄鹤一去不复返，白云千载空悠悠。

晴川历历汉阳树，芳草萋萋鹦鹉洲。

日暮乡关何处是？烟波江上使人愁。

《声声慢·寻寻觅觅》李清照

寻寻觅觅，冷冷清清，凄凄惨惨戚戚。乍暖还寒时候，
最难将息。三杯两盏淡酒，怎敌他、晚来风急！雁过也，正
伤心，却是旧时相识。

满地黄花堆积，憔悴损，如今有谁堪摘？守着窗儿，独自怎生得黑！梧桐更兼细雨，到黄昏、点点滴滴。这次第，怎一个愁字了得！

《西厢记长亭送别·正宫·端正好》王实甫

碧云天，黄花地，西风紧。北雁南飞。晓来谁染霜林醉？总是离人泪。

从中国最早的诗歌，反映原始社会狩猎生活的二言诗《弹歌》，到四言为主的诗经、杂言的楚辞、五言的汉乐府、唐代的七言绝句和律诗、宋词、元曲，我几乎是把中国古代主要的文体形态捋了一遍，从头读来，有没有这样一种感觉，字与字碰撞到一起，就算你不懂得字词的含义，都感受到了节奏感、音乐感和形式美，如同在听一首一首动人的乐曲。

事实上他们也都和音乐脱不了干系，最初，诗歌本就是合着乐曲歌唱的。

《史记·孔子世家》记载孔子修订《诗经》："三百五篇，孔子皆弦歌之，以求合《韶》《武》《雅》《颂》之音。""弦歌之"，就是配乐唱的。《楚辞·九歌》音乐原本就是用于民间迎神、祭祀的盛大歌舞表演，是屈原重新填词创作，才风靡开来的。《古诗十九首》是汉乐府中文人诗的巅峰之作，乐府是汉武帝时设立的一个官署，顾名思义，就是主管音乐的政府部门，专职采集民间歌谣或文人的诗来配乐，它搜集整理的诗歌，后世就叫"乐府诗"，或简称"乐府"。唐诗、宋词、元曲，这些我们最为熟悉的古典文学，都是合乐的歌诗，和现在的歌词一样，只不过是比现在的歌词在声律和形式方面有更多要求。

我们也看到了，随着文体的变化，创作的约束越来越多：字数的限制，韵脚的规定，格律的规矩。

直到明末清初著名戏曲家李渔专门写了一本声律启蒙读物《笠翁对韵》，让人们用来学习写作诗、词，用来熟悉对仗、用韵、组织词语。

我们来感受一下这本书的文字：

天对地，雨对风。大陆对长空。山花对海树，赤日对苍穹。雷隐隐，雾蒙蒙。日下对天中。风高秋月白，雨霁晚霞红。牛女二星河左右，参商两曜斗西东。十月塞边，飒飒寒霜惊戍旅；三冬江上，漫漫朔雪冷渔翁。

这些文字的意思懂不懂并不重要，重要的是你感觉到了声音就是那么好听，像是一首乐曲的旋律，我们很难不喜欢它，几千年来，孩子们就那么摇头晃脑地歌吟着，诗性慢慢地刻在骨子里，浸淫在血液里，积淀为汉语言文字的魅力，成为中华民族的文化基因。

汉语为什么会这么美？不外乎两个原因，一是句子，二是音调。也就是韩愈说的"言之短长"与"声之高下"。"言之短长"就是长句子和短句子的搭配，参差不齐，错落有致。"声之高下"是说汉字本身就有平上去入，高低不一的声调，这也就是鲁迅所称的汉字的音美。

作家韩少功讲过这样一件事：朦胧诗代表性诗人多多，曾经在英国伦敦图书馆朗诵诗，一位老先生不懂中文，但听得非常激动。老先生说，没想到世界上有这么美妙的语言。这位老先生是被汉语的声调变化迷住了，觉得汉语的抑扬顿挫简直就是音乐。

所以，诗词歌赋的格式，配上婉转变化的声调，汉字语言读来便满口生香，如饮醇酒，因为汉语和音乐一样，安顿和抚慰了我们的心灵。

日本顺天堂大学的板尾健一和合作者设计过一个心理学实验，来研究为什么看不见又摸不着的旋律能缓解人的压力。

　　他们招募了 12 名年龄从 20 岁到 40 岁的女性志愿者，志愿者按年龄分为 20 岁组、30 岁组，以及 40 岁组。他们给各年龄组的志愿者们戴上特制的静音耳机，并单独连上传感器，测量她们在实验前、实验中、实验后的心率、血流量，以及体温值等生理变化的数据，以此来评估她们在参与音乐实验前后的压力水平。

　　音乐播放的方式是，最初的 5 分钟耳机里没有声音，接着播放 3 分钟的音乐，再然后又呈现 5 分钟的静音，如此循环 3 次。

　　在 3 次循环中，播放音乐的 3 分钟内，志愿者们分别会听到 3 种音乐：

　　古典音乐——让－弗朗索瓦·帕亚尔室内乐团演奏的《卡农》

　　疗愈纯音乐——钢琴家七谷由美演奏的《Close to You》钢琴曲（原唱为卡朋特兄妹）

　　日本流行音乐——日本唱跳组合 Exile 演唱的《こんな世界を愛するため》

　　为了测量心率变化，实验人员在志愿者的胸前安装了一个心率传感器，用来测量低频和高频心率的比值（LF/HF）。比值越小，表明自主神经系统活动越少，即压力水平越低。研究人员发现，总体而言，与音乐播放前后相比，听音乐时 LF/HF 有明显下降，意思就是所有音乐都让志愿者更为放松。同时，3 次分别测量结果表明，志愿者们在听古典音乐和疗愈纯音乐时，其 LF/HF 下降值得更为明显。古典音乐和疗愈音乐会让交感神经系统受到抑制，而副交感神经系统的活动得到加强，这意味着，古典音乐和疗愈纯音乐让人更为放松、愉悦。

为了测量血流变化，实验人员在志愿者们的指尖安装了一个传感器，并记录了她们听音乐之前和听音乐期间的血流量。数据显示，听古典音乐时，志愿者的血流量增加，表明古典音乐有放松的效果。相比之下，志愿者们在听日本流行音乐和疗愈纯音乐时，血流量没有显著变化，表明二者的放松效果不如古典音乐明显。

研究人员还比较了听音乐前和听音乐时志愿者们体表温度的差异。听了古典音乐和疗愈纯音乐后，志愿者的体表温度都有所上升，这表明她们更加放松了。疗愈纯音乐使志愿者体表温度升高尤其显著。

实验数据表明，听古典音乐可以让我们舒缓压力、放松身心，得到美的享受。

几千年来，诗歌就是安抚我们心灵的古典音乐。

试想一下，在远古时代，我们的先民可能身着葛布缁衣，吃着粗茶淡饭，但已经开始享受古典诗歌，用它来荡涤心灵的尘埃，远望星辰大海，观照宇宙万物，这是多么美好的情怀，有这样的情怀才有可能"诗意地栖居"。

诗，可以兴、可以观、可以群、可以怨，它和承载着我们中华文明的其他经典一起，温润了我们的心灵，培育了我们的品格，聚合了我们的同胞。

延宕一代又一代的诗歌文学，秉承了《诗经》的精神，在中华民族的发展史上承担了教化和美育的重任，这些诗词歌赋吟唱千年，也成为全世界华人永恒的家园，成为我们民族独特的标识。

其实不只是诗歌，古代散文、小说，甚至现代白话文的创作，虽然已经没有严格的要求了，但都不自觉地传承了汉语言的节奏感和音乐性。

我们以唐宋的散文为例：

庆历四年春，滕子京谪守巴陵郡。越明年，政通人和，百废具兴。乃重修岳阳楼，增其旧制，刻唐贤今人诗赋于其上。属予作文以记之。

予观夫巴陵胜状，在洞庭一湖。衔远山，吞长江，浩浩汤汤，横无际涯；朝晖夕阴，气象万千。此则岳阳楼之大观也，前人之述备矣。然则北通巫峡，南极潇湘，迁客骚人，多会于此，览物之情，得无异乎？

若夫淫雨霏霏，连月不开，阴风怒号，浊浪排空；日星隐曜，山岳潜形；商旅不行，樯倾楫摧；薄暮冥冥，虎啸猿啼。登斯楼也，则有去国怀乡，忧谗畏讥，满目萧然，感极而悲者矣。

至若春和景明，波澜不惊，上下天光，一碧万顷；沙鸥翔集，锦鳞游泳；岸芷汀兰，郁郁青青。而或长烟一空，皓月千里，浮光跃金。

嗟夫！予尝求古仁人之心，或异二者之为。何哉？不以物喜，不以己悲；居庙堂之高则忧其民，处江湖之远则忧其君。是进亦忧，退亦忧。然则何时而乐耶？其必曰："先天下之忧而忧，后天下之乐而乐"乎。噫！微斯人，吾谁与归？

宋代范仲淹的散文《岳阳楼记》，上过学的人都知道，这是课本中的名篇。唐宋散文反对骈体文的僵化格式，以单句为主，不受格式的拘束，重视真情实感，反对形式主义，可以质朴自由反映现实生活，这篇文章记事、写景、抒情和议论交融在一起，挥洒自如，不仅写景铺陈排比，妙笔生花，而且，议论也立意高远，身处江湖，心系天下，堪称典范。

《岳阳楼记》长短句交错，骈散句结合，中间还穿插了许多对偶句、排比句，使得节奏有时短而明快，有时舒缓绵长，中间四字句式铺排，形成回环往复的音响效果，整篇文章和合曲的诗歌一样，充满了音乐性。

汪曾祺先生说：我觉得研究语言重要的是研究字与字之间的关系，句与句之间的关系，段与段之间的关系。又说：语言的美不在一个一个句子，而在句与句之间的关系。

字与字，句与句，段与段，就像音符和乐章一样，构成了汉语的音乐性和节奏感。

即使是古代文论、诗论等文学理论著作，也采用了同样的写作方式。

中国文学批评史上第一部文学专论，是曹丕写的《典论·论文》，他这样评价文章：

　　盖文章，经国之大业，不朽之盛事。年寿有时而尽，荣乐止乎其身，二者必至之常期，未若文章之无穷。是以古之作者，寄身于翰墨，见意于篇籍，不假良史之辞，不托飞驰之势，而声名自传于后。

文章事关国家治理，是可以流传后世而不朽的事业。人生在世，年龄有时间的限制，荣辱欢乐也会随着自己的离世而消亡，这两者都有一定的期限，不像文章那样可以永世流传，没有穷期。因此，古代的作者，投身写作，把自己的思想见识诉诸笔端，表现在文章书籍中，就不必借史家的言辞，也不必托高官的权势，而声名自然能流传后世。

这样一段评论性的文字，五言句、六言句、七言句交错使用，虽然并不是严格的对仗，但都是两两偶句出现，很有节奏。

汉语言的这种表达风格一直延续到现代的白话创作中。

我们感受一下北岛的《回答》，这首诗创作于 1976 年，在现在流行的几个朦胧诗的版本中都是压卷篇，20 世纪 80—90 年代各个大学的艺术节、诗歌节、联欢会，都会成为诗朗诵的第一选择。这不仅因为它的逻辑结构、象征意象、思想价值，更是因为诗歌的音乐节奏，如同场面宏大的交响乐，大气磅礴、激荡人心。

卑鄙是卑鄙者的通行证，

高尚是高尚者的墓志铭。

看吧，在那镀金的天空中，

飘满了死者弯曲的倒影。

冰川纪过去了，

为什么到处都是冰凌？

好望角发现了，

为什么死海里千帆相竞？

我来到这个世界上，

只带着纸、绳索和身影，

为了在审判之前，

宣读那些被判决的声音。

告诉你吧，世界

我——不——相——信！

纵使你脚下有一千名挑战者，

那就把我算作第一千零一名。

我不相信天是蓝的，

我不相信雷的回声，

我不相信梦是假的，

我不相信死无报应。

如果海洋注定要决堤，

就让所有的苦水都注入我心中，

如果陆地注定要上升，

就让人类重新选择生存的峰顶。

新的转机和闪闪星斗，

正在缀满没有遮拦的天空。

那是五千年的象形文字，

那是未来人们凝视的眼睛。

　　现代诗没有严格的格律，诗无定节，节无定句，句无定字，但依然用偶句、警句、排比句等，这些汉语常用的书写句式，让人们读出韵律。

　　也许用诗歌的节奏韵律似乎不能作为汉字节奏美的充分的证据，因为节奏感和音乐性本来就应该是它的身份气质，那可以看看散文，事实上，现代散文虽是白话创作，语言也同样散发出音乐气质，比如梁实秋、老舍、周作人、汪曾祺、林语堂，其实不说这些大家，就是当代作家，比如高海涛、高沧海，阅读他们的文本，也如同感受聆听音乐。

汉语言的音韵和节奏，不只体现在书面语言、文学作品中，它已经贯穿在我们的生活中。

大家只要稍加注意，就会发现，我们日常的聊天，很多时候也经常会用到许多四言、五言、七言的句式，比如胡说八道、乱七八糟，山不转水转，台下一分钟、台上十年功，拔出萝卜带出泥，饱汉不知饿汉饥，等等，好多成语、俗语、典故，就算是农村老太太也信手拈来、脱口而出，自带节奏。比如，说话说得我口干舌燥，忙得我鸡飞狗跳，看把家里弄得乌烟瘴气。

还有一个特别壮观的文学景象，就是对联的创作。记得小时候过春节，家家户户都要写对联的，会毛笔书法的人不多，但会编写对联的人真不少，写对联的时候，常常有人对书写对联的人说，给我家写副什么什么对联，对联张口就来。如果有红白喜丧，你就会发现，即使在偏远的乡野，对联都不会缺席，而且叙事抒情还很是精妙，且很应景，对联那可是特别讲究平仄对仗以及韵脚的，对形式美有极高的要求。而对联的创作者并不全是读书的文人，有可能只是乡里普普通通的一个人。

我们一直强调汉语言的音乐性，事实上，不是所有的音乐都能安抚人心。国外有位心理学家曾对 3 个不同交响乐队的 208 名队员进行了分析。结果发现，以演奏古典乐曲为主的乐队成员，心情大都平稳愉快；以演奏现代乐曲或以演奏现代乐曲为主的成员，70% 以上的人患有神经过敏症，60% 以上的人急躁，22% 以上的人情绪消沉，还有些人经常失眠、头痛、耳痛和腹泻。

另一个对音乐爱好者的调查也显现出了同样的结果，经常欣赏古典音乐的家庭里，人与人的关系相处得和睦；而热衷于嘈杂的现代派音乐的家庭里，成员之间经常争吵不休。

但汉语言一定是古典音乐。因为我国古代乐诗之教的传统，诗歌和音乐在传统文化中承担的是对民众的教化重任。华东师范大学朱承教授认为，乐诗之教，指的是儒家以歌词演唱、音乐伴奏、舞蹈搬演等文艺方式来推行公共教化，以实现其社会伦理与政治意图的一种教育形式。就是说，在"乐"与"诗"有机融合的和谐氛围里，通过耳目器官的闻见感知，来进行心灵反思以提升自己的道德修养，进而达到感化他人并一起建立良好的社会秩序。"乐"与"诗"能让人精神愉悦，性情平和，从而建立和睦的人际关系，虽然我们的祖先没有进行心理科学的实验，但这种做法显然和国外心理学家实验的结果是一致的。

所以，中华民族从不尚武，从诗文传承到百姓的日常用语，我们好像一直浸淫在宫、商、角、徵、羽五音相和的古典音乐中，一个诗教和美育的国度，骨子里是温润善良的，每个人都希望世界大同，生活美好。

汉语的比喻：美在神韵相似

把比喻作为一个单独的话题，而不是其他修辞手法，是因为语言和比喻有着非比寻常的关系，即使是日用的语言，比喻无处不在，只是百姓日用而不知。

找几个寻常的语句就明白了，"我家就在那边山脚下"，"山脚"就是一个比喻，人或者动物才有脚，把山的最下面说成山脚就是一种比喻的说法。"椅子背""板凳腿"都是同样的修辞手法。要形容一个人狡猾，常常会说"真是一只老狐狸"，把人比作狐狸；说一个人通透，会说"心里明镜似的"，把人的玲珑心思比作镜子，这些都是民间常用的语言。

书面表达要让人觉得美，自然更离不开比喻这个成熟的修辞手法了，离不开比喻所触发的诗意想象，比如"如花美眷、似水流年"，把女人比作花，把岁月比作流水，用最简约的语言，却带给人无限丰富的想象，"花"和"水"的意境给人带来了无限美感。比喻，可以让抽象的事物变得具体可感，可以给具体的事物赋予抽象的意境，使语言中的情感抒发更感人，风景描摹更迷人。

中国人的人生许多时候是诗化的，牙牙学语的时候，就开始诵读"床前明月光，疑是地上霜，举头望明月，低头思故乡"，一直到终老，诗歌和中国人的生活息息相关。在古诗词中，用比喻创造出来的意境比比皆是，在漫长的生活中，温润着我们的心灵，即使是人生的愁思，也呈现出美的姿态，读来如同轻轻的抚慰。

我们上中学的时候就学过一些比喻的方法，还细分为明喻、暗喻、借喻、博喻，等等。其实，比喻的形式技巧并不是我们感受语言美的关键因素，神韵才是。好的比喻必然是本体和喻体神韵的相似，能够借助想象咂摸出感觉上的相通，或者是神韵上的关联，简单说来，好的比喻不需要形似，需要的是神似，"神"是不可见但能感知到的抽象特征，抽象特征的高度一致，才能经得起长久品味，让人如饮醇酒、拍案叫绝。

比如，"床前明月光，疑是地上霜"，虽然这是大诗人李白的手笔，但将"月光"比作"霜"，依然停留在形似的层面，算不上高妙。白居易《暮江吟》中的"可怜九月初三夜，露似珍珠月似弓"，岑参《白雪歌送武判官归京》中"忽如一夜春风来，千树万树梨花开"，有似于此。贺知章《咏柳》中"不知细叶谁裁出，二月春风似剪刀"。苏轼《饮湖上初晴后雨》中"欲把西湖比西子，浓妆淡抹总相宜"，开始追求神似，但都比不了贺铸的"闲愁"三连比。

宋代词人贺铸《青玉案》写愁："试问闲愁都几许？一川烟草，满城风絮，梅子黄时雨。"贺铸的这一句诗让他获得了"贺梅子"的雅号，能让一众诗词高手交口称赞，足见这三个比喻与"闲愁"在抽象特征上高度一致，极具神韵。

闲愁有多少呢？就像满川笼罩在雾霭中的青草一样一望无际，像纷纷扬扬的风絮一样飘满城池，像淅淅沥沥下个不停的梅雨一样绵绵无尽，弥漫着，让人无法排遣。烟草、风絮、梅雨是三个具体的、诗意的、可感知的景象，并且会给人一种美感，但若是长久置身其中，也是会生出一种烦恼情绪的，正契合"闲愁"这种难以触摸的感觉。贺铸是唐代诗人贺知章后裔，宋太祖贺皇后族孙，所娶亦宗室之女，他的"愁"的确是"闲愁"，弥散着淡淡的惆怅，但没有生活的苦难，而这三个有声有色的景物，创造出极其契合且极其优美的意境，让愁也笼了一层轻纱。

同样是愁，在南唐后主李煜笔下却是另一番景象："无言独上西楼，月如钩。寂寞梧桐深院锁清秋。　剪不断，理还乱，是离愁，别是一般滋味在心头。"（《相见欢》）"春花秋月何时了，往事知多少？小楼昨夜又东风，故国不堪回首月明中！　雕栏玉砌应犹在，只是朱颜改。问君能有几多愁？恰似一江春水向东流。"（《虞美人》）

这种愁意，不是贺铸轻轻的"闲愁"，也并没有浓烈的家国之痛，更多的是不知路在何方的束手无策。李煜从南唐的一国之主沦为宋太宗的阶下之囚，甚至连痛都不敢有，把悔失"四十年来家国，三千里地山河"（《破阵子》）的亡国之痛寄意到并不深刻的"愁"绪中，但这种"愁"的凌乱和了无尽头散发出深深的绝望的气息。

"剪不断，理还乱，是离愁。"用丝缕比喻离愁，新颖而别致。比喻之美贵在创新，有人说，第一个用花比喻美女的人是天才，第二个用花比喻美女的人是庸材，第三个用花比喻美女的人是蠢材。并非这个比喻不好，是同样比喻使用得多了，人就没了感觉，无感即无美。以丝喻愁，让人耳目一新，不觉喟叹作者的思路新奇。

"剪不断，理还乱"写的就是离愁本愁了，细细的丝线乱作一团，整理起来极为麻烦，不用说是丝线了，就是平常织毛衣的毛线，要比丝线粗了无数倍了，如果乱了，整理起来也是让人又恼又烦，恨不得一剪了事，这样一比，细丝线的整理更是万般麻烦，更麻烦的是，丝线可以慢慢整理，只要有足够的耐心，总能整理清楚，实在整理不清，还可以剪断。只是这愁绪，那是永远也理不清楚的，越理越乱，更糟糕的是还无法剪断。理又理不清，剪也剪不断，不想面对又挥之不去，这是怎样一种持久深刻的愁啊？真的是抓住了"离愁"的神韵。

　　李煜还有一个传播度更广，接受度更高的关于"愁"的比喻："问君能有几多愁？恰似一江春水向东流。"这是《虞美人》中的两句词，据说，李煜在《虞美人》中抒发的故国之思直接葬送了自己的性命，因为他的"愁"引起了宋太宗的极度不安：一江春天的江水，永无绝期的气势，滔滔向东，这是多深的愁怨啊！加上"故国不堪回首月明中！雕栏玉砌应犹在，只是朱颜改"的铺垫，宋太祖杀心顿起："卧榻之侧，岂容他人酣睡。"尽管李煜连"困兽"都算不上，他只是一个文弱的词人，除了写几首词抒发一下愁思，什么也做不了。

　　用水来比喻愁比较多见，陈郁《藏一话腴》内编卷上这样来点评：

"太白云：'请君试问东流水，别意与之谁短长。'江南后主曰：'问君还有几多愁，恰似一江春水向东流。'略加融点，已觉精彩。至寇莱公则谓'愁情不断如春水'，少游云'落红万点愁如海'，青出于蓝而胜于蓝矣。"

同样是用水做比，但并不觉得有"女人如花"的愚蠢，因为这些词在描绘水的时候各有形态，水和愁在神韵上有着不一样的抽象特征。我与陈郁感受不同，倒是觉得后面两者算不得青出于蓝，不如前面两句的意蕴，特别是李煜的"一江春水向东流"，既有"一江春水"这种具体的形态，又有滚滚东流这种引人深思的抽象感觉，愁很悠远，愁在奔腾。

法国作家缪塞说："最美的诗歌是最绝望的诗歌。"李后主的这两个比喻，触动人心的就是这种深深的绝望。

"愁"在历代文人墨客笔下各不相同：宋代词人李清照的愁绪直截了当，"一种相思，两处闲愁。此情无计可消除，才下眉头，却上心头"（《一剪梅·红藕香残玉簟秋》）。范仲淹的愁可以发酵，"明月楼高休独倚，酒入愁肠，化作相思泪"（《苏幕遮·怀旧》）。他们运用比喻这个古老而富有生命力的修辞手法，将一种抽象的心理隐喻为具体的事物，让它成为草，成为花，有长度，有重量，是时间，是空间，或者可感知，或者可触摸。

李白诗中的"愁"很长很远:"白发三千丈,缘愁似个长。"(《秋浦歌》)陆游诗中的"愁"很重很广:"闲愁万斛酒不敌。"(《草书歌》)"世言九州外,复有大九州。此言果不虚,仅可容吾愁。"(《江楼吹笛饮酒大醉作》)

"愁"是春草:"离恨恰如春草,更行更远还生。"(李煜《清平乐·别来春半》)"愁"是花香:"芭蕉不展丁香结,同向春风各自愁。"(李商隐《代赠二首》)"愁"是鸟叫:"又闻子规啼夜月,愁空山。"(李白《蜀道难》)"愁"是时间:"千金裘,五花马,呼儿将出换美酒,与尔同销万古愁。"(李白《将进酒》)"愁"是空间:"城上高楼接大荒,海天愁思正茫茫。"(柳宗元《登柳州城楼寄漳汀封连四州刺史》)

刘熙载在《艺概》中说:"山之精神写不出,以烟霞写之,春之精神写不出,以草树写之。"无论古今,无论诗文,无论写景状物,无论说理议论,好的比喻总是可以抓住事物的本质,也即刘熙载所说的"精神"。

钱锺书《围城》中有这样一个比喻:"忠厚老实人的恶毒,像饭里的砂砾或者出骨鱼片里未净的刺,会给人一种不期待的伤痛。""忠厚老实人的恶毒"和"饭里的砂砾""鱼片里未净的刺"

都能抽象出一个本质的共同的特征："不期待的伤痛"。许多人都应该有过这样的经历，那种伤害猝不及防，琢磨一下，真是和"忠厚老实人的恶毒"一样，很是意外。读到这里，敏感的人还有可能对"饭里的砂砾"产生身体上的反应，仿佛真的吃到了一样，牙碜。

和鲍小姐分手之后，关于方鸿渐心情的一段描写也很妙，他安慰自己，鲍小姐不是变心，因为她没有心；自己并没吃亏，也许还占了便宜，等等等等。"方鸿渐把这种巧妙的词句和精密的计算来抚慰自己，可是失望、遭欺骗的情欲、被损伤的骄傲，都不肯平伏，像不倒翁，捺下去又竖起来，反而摇摆得厉害。"心情的起起伏伏和"不倒翁"的摇摇摆摆，钱锺书用"捺下去又竖起来"的形似和神似，非常精确地抽取了二者的特征。

还有一个形容鲍小姐衣着暴露的比喻，也是经典："有人叫她'熟食铺子'，因为只有熟食店会把那许多颜色暖热的肉公开陈列；又有人叫她'真理'，因为据说'真理是赤裸裸的'。鲍小姐并未一丝不挂，所以他们修正为'局部的真理'。""熟食铺子"中肉食产品陈列的样子每个人都熟悉，这让鲍小姐的形象更加形象，这个比喻是在形似阶段，给人视觉上的一种直观感受，更妙的比喻在后面："真理"和"局部真理"，鲍小姐衣着暴露的样子和"真理"的赤裸裸，在抽象特征上高度一致，不由让人会心一笑，"局部真理"不只是对鲍小姐更为精确的描述，而且文人写作时那种促狭、戏谑，揶揄人的样子也跃然纸上。

可见一个好的比喻，一定是从本体和喻体身上找到了本质上的、抽象的共同特征，而不是简单的相似性。

抽象的事物比喻成具体事物，不管形似还是神似，都是生动化、形象化，让描述更鲜活，还有一种是把具体的事物比喻成抽象的事物，这可以让语言描述更有感觉、更有意境，当然，难度也更大。

柏克说："描写具体事物时，插入一些抽象或概括的字眼，产生包罗一切的雄浑气象……那是文字艺术独特的本领，断非造型艺术所能仿效的。"

宋代词人秦观在《浣溪沙·漠漠轻寒上小楼》中有两句诗："自在飞花轻似梦，无边丝雨细如愁。"飞花似梦，细雨如愁，"梦""愁"自带情绪，将具体的"飞花""细雨"赋予"梦"和"愁"这样抽象的感觉，构成了情景交融的意境，轻愁笼罩，顿起生命的寂寞与虚无之感。这不只有美好的视觉感受，还给人留下了丰富的想象余地，以轻描淡写的手法，让两句诗千古流传，不由让人叹服真乃文字高手。

一个比喻要能贴切并不容易，将具象的事物比喻成抽象的事物就更不容易，因为那种神韵实在太难拿捏。但在大师笔下，还是有让人惊叹的句子："许多女人的大眼睛像政治家讲的空话，大而无当。"（钱锺书《围城》）这个描写非常传神，"女人的大眼睛"人们惯常地认为应该是很美丽的，但若是没有神采，没有灵气，空洞洞的，"大而无当"，就没有一点味道，也是十分乏味。"大而无当"一下子就抓住了神态上的精髓，似乎那种眼神就在眼前。

北岛的一个比喻也特别经典："那时我们有梦，关于文学，关于爱情，关于穿越世界的旅行，如今我们深夜饮酒，杯子碰到一起，都是梦破碎的声音。"这个"梦破碎的声音"让多少人心头一颤。

将"杯子碰到一起"发出的声响比喻为"梦破碎的声音"，若你人到中年，酒杯碰撞的清脆声音，一定会听得明明白白，仿佛击穿心底，年轻时的美好梦想一点一点裂开，一片一片破碎，再也无法拼凑、无法复原，既悲伤又无奈。如果把这句话放回到他的散文《波兰来客》中，这种感受更为深刻。即使还没有遭到生活暴击，单单欣赏这段文字的节奏、意境、画面感、听觉的调动，以及"梦破碎的声音"渲染的文艺色彩，以及关于人生的哲学思考，也会感到语言文字的独特魅力。

亚里士多德说："比喻是天才的标志。"一个天才的比喻不仅仅是一种修辞手法，不仅仅是一种语言技巧，还是一个人感悟生活、认知世界的路径。

卡夫卡有一个经典的比喻："心脏是一座有两间卧室的房子，一间住着痛苦，另一间住着欢乐，人不能笑得太响，否则笑声会吵醒隔壁房间的痛苦。"把"心脏"比喻成"有两间卧室的房子"这个并不新鲜，本身医学上对心脏的描述用的也是这样的比喻，心室、心房，但是让"痛苦"和"欢乐"相邻而居，只有一墙之隔，还用房子把二者关联在一起，真是构思巧妙又富于哲理，这不就是我们老祖宗常常警告我们的乐极生悲、祸福相倚的人生哲理吗？

比喻根植在我们的生活中，淹没在日常的语言中，因此反而常常被人们忽视。仔细想一下，我们怎么来了解一个未知的概念呢？大部分时候是通过比喻。中国科学技术大学副研究员、科普专家袁岚峰这样解释量子：量子的本意是个数学概念，简言之就是"离散变化的最小单元"。无论是本意还是简言，其实普通人依然还是听不懂的。什么叫"离散变化"？袁岚峰给我们打了一个比方：我们统计人数时，可以有一个人、两个人，但不可能有半个人、三分之一个人。我们上台阶时，只能上一个台阶、两个台阶，不能上半个台阶、三分之一个台阶。这些就是"离散变化"。对于统计人数来说，一个人就是一个量子。对于上台阶来说，一个台阶就是一个量子。明白了，就是那个小得不能再小的单位，再也拆分不开。

可能中国科学院物理所研究员曹则贤的比喻更形象一些，没有接受过任何教育的人也能听得懂：就像我们远处看鱼群是乌泱乌泱的一片黑，但是走近了、放大了就看见是一条一条的鱼，这一条一条的鱼就可以说是鱼群的量子。现在再来看这个定义：我们生活中可以见到的、感知到的事物，包括光与能量的最小单位都能称之为量子。就算非专业人员无法理解光与能量的最小单位是什么样子，但对量子的概念也已经完全理解了。

一般情况下，我们总是用已有的概念和经验解释新诞生的事物和概念，这么一比喻，仿佛开辟了一条路，通向了新的认知世界。不仅如此，加州大学伯克利分校认知语言学家乔治·莱考夫认为，从根本上讲，我们对于概念的思考方式是比喻式的。换句话说，我们不仅仅会打比喻，我们还是通过比喻本身来进行思考的。

所以，一个简单的比喻就会影响一个人的判断，影响一个人的观念，左右我们的思维方式。

斯坦福大学对此专门进行了一项研究，研究要求被试阅读一段简短的文章，文章讲述了发生在假想中的一座名叫艾迪生的城市中的罪行。其中一组被试看到的文章说，罪行就像"病毒肆虐"了这座城市。另一组被试看到的文章则用了另一个比喻，说罪行就像"野兽征服"了这座城市。除此之外，其他内容都是一样的。

研究要求被试提出解决方法，那些读到"野兽"比喻的被试认为，应该用惩罚手段来解决问题。那些读到"病毒"比喻的被试认为，应该通过改革来解决罪行发生的根本原因。就因为这两个比喻的不同，两组被试对于应该怎样应对罪行的看法大相径庭。但有意思的是，两组被试都没有认为自己对罪行的看法是受比喻的影响，他们都认为自己是因为罪行的统计数据而得出的结论。

可见，比喻以非常隐匿的方式影响着我们的态度和立场。

比喻的语言通过引发大脑的联想和思考，通过调动人身体的感觉，在无意识中打动我们，也许，这正是诗歌和语言文字能够引起我们美感的原因。所以，我们用比喻来抒情"柔情似水，佳期如梦，忍顾鹊桥归路"（宋代秦观《鹊桥仙·纤云弄巧》），诉不尽情人间的相思苦；用它来说理"横看成岭侧成峰，远近高低各不同"（宋代苏轼《题西林壁》），观察问题的角度不同，得出的结论也不一样；表达自己的生活态度"意马收，心猿锁，跳出红尘恶风波。槐荫午梦谁惊破！离了名利场，钻进安乐窝，闲快活"（元代关汉卿《南吕·四块玉·闲适》）。

比喻不只是一种修辞方法，也是文人创作的重要方法。一篇文章中常常用寓言故事或者历史典故，来表达自己的思想。唐朝诗人李白游历东晋名士谢安墓地后，写下了著名的《东山吟》："携妓东土山，怅然悲谢安。我妓今朝如花月，他妓古坟荒草寒。"当年那如花似玉的"他妓"，谢安的美人已化作"古坟荒草"，但"今朝如花月"的"我妓"呢，我的美人百年之后，还不照样是"古坟荒草"？"彼亦一时，此亦一时，浩浩洪流之咏何必奇。"无论生前显赫或是卑微，富贵或是贫穷，所有的结局都是荒冢一堆，一种旷世的悲凉就会油然而生。这种悲凉，今天的我们也感受到了，和李白一样，不禁怅然！

第四章

语言审美的变迁

一个时代有一个时代的文学，一个时代有一个时代的语言，一个时代有一个时代美的标准。语言和美都是鲜活的，也都一直在流动，随着经济社会的发展、科学技术的进步、思想观念的变化，语言美也发生了很大的变迁，它紧跟着时代的步伐，满足时代的诉求，见证时代精神，表达人类的向往。

"沉舟侧畔千帆过，病树前头万木春。"语言的美，在被形式约束和不停地挣脱约束中，在不断地丰富和不断地淘汰中，在历史传承与发展创新中，呈现出各不相同的生态，字还是那样的文字，义有了更加厚重的内容，情依然摇曳动人。语言的美在变化，但不变的是它一如几千年以前，安顿着人们的心灵，寄托着心中的美好。

美在约束与挣脱约束

美是需要约束的，但美又不停地挣脱约束，释放出新鲜的生命力。语言表达的美感就是这样矛盾地存在并发展着。

诗经、楚辞、汉乐府、唐诗、宋词、元散曲，举凡历代艺术成就最高的文学形式都可以窥探到这样形成的美的发展轨迹。当然，因为我国古代诗乐一体的发展模式，音乐的发展对于诗歌挣脱其固有形式也会产生很大影响。

我们还是先看一下远古时候的诗歌语言，那时候语言的发展很自由。

远古的诗歌只存在于典籍中的记载，而且，确切地说，有可能还当不起诗歌的称号，很多时候是劳动号子、动作，或者是与简单的情绪表达相结合的产物。比如，《淮南子·道应训》记载："今夫举大木者，前呼'邪许'，后亦应之，此举重劝力之歌也。"鲁迅据此认为，人类在未有文字之前就有创作，并将这样的"创作"敷衍为"杭育杭育派"。

这时候的表达没有音乐的配合，只有节奏的呼应，与不同的劳动动作配合，会产生不同字数的号子。那时语言也不是很丰富，承载绵长感情的也只是简单的文字。

公元前 20 世纪，历史上所称的奴隶社会时期，就是大禹治水的那个历史阶段，《吕氏春秋》记载了大禹与涂山氏之女的爱情，涂山氏等待大禹的时候，唱了一首歌："候人兮猗"。与其说这是音乐，不如是回荡在山间的一声和音乐一样绵长的呼唤与叹息，饱含着强烈的思念之情，"兮猗"两个感叹词连用，恰如周瘦鹃笔下的"此情恰似山溪水，一吟三叹九回肠"，情感丰富、意蕴深厚、撩拨人心。

但歌词只有两个字："候人"。

前文提到的《弹歌》也是有两个字："断竹、续竹、飞土、逐宍"。但二字四句，已经能够完整地叙事。上古歌谣还有《击壤歌》，虽然简单，只有四字，但完全可以表现生动的田园风景和怡然自得的生活："日出而作，日入而息。凿井而饮，耕田而食。帝力于我何有哉！"

二字和四字的选择，完全是一种对于节奏的本能选择，因为这个节奏形式充满了韵律和力量。也和当时的音乐形式有关，当时的乐器主要是以鼓乐为主的各类打击乐。总之，那时候无论是诗还是乐，都表现出人和自然和谐统一的节律。人的生命和生活都融入自然，"甘其食，美其服，安其居，乐其俗"（《老子》）。

四字固定格式，应该到了《诗经》形成的西周到春秋。《诗经》大部分是四言的歌词。为什么是四言？当然和当时的音乐有很大的关系，四言更符合当时雅乐表现的节奏。但要知道，《诗经》是经过孔子编辑的，西周到春秋五百年，产生过多少诗歌真是不计其数，孔子在流传下来的三千首中，只选出三百零五篇，可以说孔子的筛选，其实就是一种对美的约束，合乎他对美的标准的才能被留下来。他没有创作，却框定了诗歌美的形式：内容上，表情达意哀而不伤，怨而不怒，中正平和，思无邪；形式上，四言为主，文字齐整，一咏三叹，节奏美。

这样的约束，让《诗经》事实上承担起中国人的诗教和美育的重任，它奠定了汉语语言美的基础，并形成中国人对诗意语言的执着与追捧。

《诗经》以"经"命名，足以凸显它在历史上的重要地位，孔子说："不学诗，无以言。"不学习《诗经》，就不会高级地说话，就会显得很俗，很没文化。在春秋时代，一个有品位的人说话都会用《诗经》中的诗，特别是外交场合，外交辞令就是《诗经》中的诗歌，你要不懂得诗的意思，就完全不知道怎么回答。

可以想象一下，两个外交官，你唱一首《诗经》中的诗，他和一首《诗经》中的诗，然后愉快地达成什么协议，或者客气地拒绝对方的要求，诗意地完成了外交工作这是怎样一个场景。

《诗经》的语言形式对中国文字的影响有多大？从古到今的汉语表达中，四字成了一个稳定的结构，除了四字的成语被固定下来，在许多场合中国人也都很喜欢四字结构的表达。比如电影，《中国医生》《纵横四海》《霸王别姬》，比如菜名，宫保鸡丁、四喜丸子、夫妻肺片，都是四字居多，这种四平八稳的选择多是源于《诗经》固定下来的诗意水准，是一种集体无意识。

当然，四言诗的形式对丰富内容的表达还是有很大的局限性的，而雅乐毕竟只有少数人能够鉴赏，在南方少数民族生活的地方，语言表达形式相对就自由得多。

我们前面提到过的《越人歌》是越地的一首民歌："今日何日兮，得与王子同舟。蒙羞被好兮，不訾诟耻。心几烦而不绝兮，得知王子。山有木兮木有枝，心悦君兮君不知。"这首民歌四言、五言、六言、七言，率性自由，情感炽烈，表达出越人对王子的爱慕。

楚地也有不少著名的民歌，在楚国宫廷非常流行，但楚国艺术成就最高的，是屈原在南方民歌的基础上创作的新诗体《楚辞》。

《楚辞》被公认为我国浪漫主义文学的创作源头，也是中国第一部有作者的诗集，由屈原及后学所作。它打破了《诗经》四言为主的句式，而代之以五言、六言乃至七言、八言的句式，在《国殇》中，作者使用的是整齐的七言，气势恢宏，节奏统一，表现出战争的悲壮。同时，《楚辞》突破了《诗经》章节较短，一咏三叹复沓的创作方式，成为有章有节的鸿篇巨制，铺陈繁复，能够承载更大的内容容量。

《诗经》和《楚辞》的不同，释放出不同的美感，后世文学语言和形式的发展基本秉承了这两大源头，或者继承，或者突破，创造出不同的形式发展和丰富了语言美的表达。

"美"是"有意味的形式"，克乃夫·贝尔提出的这个观点本是就绘画艺术而论，但在语言表达的艺术上同样特别适用。语言文学的发展大体就是这样进行的：其语言都是从情感的自由抒发，到有约束的表达形式，达到艺术巅峰之后，重新挣脱约束找到新的生命释放形式。

《诗经》《楚辞》之后，汉初的诗歌乏善可陈，因为局限于四言体和楚辞体，大多属于模拟之作，且内容平庸，格式呆板。正当汉诗在僵化中陷入泥泞时，汉乐府诗像一泓山泉水一样，带来了新鲜的生命力。

《上邪》："上邪！我欲与君相知，长命无绝衰。山无陵，江水为竭，冬雷震震，夏雨雪，天地合，乃敢与君绝！"音乐上，急管繁弦的节奏感；内容上，情感炽烈，不可动摇的决绝与坦率。

"出东门，不顾归；来入门，怅欲悲。盎中无斗米储，还视架上无悬衣。……"《东门行》也是汉乐府保留下来的一首著名的歌诗,反映的是老百姓生活无着被逼反抗的现实生活,和《上邪》一样,都是杂言合乐的口头创作,情之所至,歌之所至,音乐和歌诗都是自由的表达。

这种杂言,到了东汉时期就有所变化,乐府诗中出现了越来越多完整的五言诗,被称为乐府诗"双璧"的长篇叙事诗《陌上桑》和《孔雀东南飞》就是完整的五言诗作品。这种起源于民间的写作方式,句式整齐,用韵规则,很受文人青睐。据考证,像《陌上桑》和《孔雀东南飞》,在流传的过程中都经过文人的再创作,使得故事情节和语言形式臻于完美。

乐府诗中的五言诗已经有了很高的艺术水准,比如《西洲曲》:"忆梅下西洲,折梅寄江北。单衫杏子红,双鬓鸦雏色。""海水梦悠悠,君愁我亦愁。南风知我意,吹梦到西洲。"全曲三十二句,这是开头和结尾的八句,清词丽句,已经很有意境了。

乐府诗成就最高的公认是《古诗十九首》,也有说这是五言诗的开端。总之,诗歌由《诗经》的四言,发展到五言这个固定的格式,只增加了一个字,但是节奏就变得丰富了一些,两拍变成了三拍,奇偶相间,使诗句节奏抑扬顿挫,不再呆板,而且五个字的句式，既可方便地容纳双音词，也可以容纳单音词，以至三音词。五言诗就此进入文坛，逐渐发展起来。

五言诗在诞生之初，"居文词之要，是众作之有滋味者也"（钟嵘《诗品》），也的确出了许多优秀的作品，推进了诗歌语言之美的发展，但是随着时间的推移，五言诗丧失了创新的能力，它又不可避免地陷入了僵化，难以写出新意，人们转而寻找新的表达形式。

每一种文体格式都不可避免地会陷入审美的困境，经过历代文人的创作，这种形式的审美表达已经被挖掘到了极致，特别是语言的使用，需要耳目一新、别出心裁才会产生美感。而对于熟悉的语言，即使依然很美，但如果使用得多了，便会产生审美疲劳，当我们对美没有感觉的时候，便不成其美了。

有一次读《蛤蟆先生去看心理医生》，这是一本翻译著作，书中有这样一句话："按过门铃之后，蛤蟆被带入了一间书盈四壁的房间。"看到"书盈四壁"，当时觉得眼前一亮，文辞很美。形容书多的词语很多，"坐拥书城""汗牛充栋""拥书南面"，并且这些词也很美，但这些词用得多了，就很熟悉，不容易刺激人们的感受和想象，也就没有太多的感觉，无感即无美，人需要在追求新鲜感中获得审美体验。

　　所以，文人墨客便一代一代追寻着新的文学体制。所以，"四言敝而有楚辞，楚辞敝而有五言，五言敝而有七言，古诗敝而有律绝，律绝敝而有词。盖文体通行既久，染指遂多，自成习套。豪杰之士，亦难于其中自出新意，故遁而作他体，以自解脱。一切文体所以始盛终衰者，皆由于此"（王国维《人间词话》）。文学形式的改变，社会生活的变化，会给语言注入新鲜的气息，打破固有的僵死状态。

　　说起语言之美，是必须要提到唐诗的，穿越千年传诵至今，其文字焕发着活泼泼的生命力，语言的魅力遍布海内外，成为汉语精华中的精华。

　　唐王朝建立之初，一切都欣欣然，是自由生长的，语言文学也是。

　　这个时候的诗歌形式特别丰富，宫体诗、五言古诗、七言古诗、歌行体、乐府诗、律诗、绝句也开始露头，而且，语言风格上开始摆脱齐梁的绮靡之风，内容上突破了宫体诗的狭窄，而创作者也不再局限于宫廷和贵族中，越来越多的中下层地主阶级知识分子加入创作者行列。总之，一切都是新鲜的，突破了以往陈规旧习的约束，开始焕发出勃勃生机。张若虚《春江花月夜》沿用了宫体诗的旧题，但新的意境新的构思获得了"孤篇压倒全唐"的美誉；在卢照邻的宫体诗中，出现了非常清新美好的句子："寂寂寥寥扬子居，年年岁岁一床书。独有南山桂花发，飞来飞去袭人裾。"王勃《送杜少府之任蜀川》已经是不输盛唐的佳作，"海内存知己，天涯若比邻"一语千年，传颂至今。"长江悲已滞，万里念将归"，景象开阔，连情绪都极具气势。

当然，诗至盛唐，这样的诗句比比皆是，每个人心中都有自己的唐诗，无数至美至情的语言，滋养了中国人从幼童时期到耄耋之年的人生岁月，也铸就了汉语的精华，让我们感受到了文字的魅力。

美是自由的，从盛唐诗歌中，我们感受到了这种自由之美。

但同时，美还是需要约束的，唐诗多五言和七言，一种古体诗，又称为古风，一种近体诗，又称为格律诗，分绝句和律诗两种。古风对音韵格律的要求比较宽松，一首之中句数可多可少，篇章可长可短，韵脚可以转换。近体诗对音韵格律的要求比较严，一首诗的句数有限定，即绝句四句，律诗八句。每句诗中用字的平仄声有一定的规律，韵脚不能转换，律诗分起句、承句、转句、合句，而且中间四句必须是对仗句。严格的限制把唐诗的语言美推向了极致，音乐和谐、语言凝练、意境优美，如果说唐诗是一座高峰，格律诗就是峰顶。

行文至此，必须欣赏两首唐代的律诗。

一首是杜甫的《登高》：

> 风急天高猿啸哀，渚清沙白鸟飞回。
>
> 无边落木萧萧下，不尽长江滚滚来。
>
> 万里悲秋常作客，百年多病独登台。
>
> 艰难苦恨繁霜鬓，潦倒新停浊酒杯。

一首是崔颢的《黄鹤楼》：

> 昔人已乘黄鹤去，此地空余黄鹤楼。
>
> 黄鹤一去不复返，白云千载空悠悠。
>
> 晴川历历汉阳树，芳草萋萋鹦鹉洲。
>
> 日暮乡关何处是？烟波江上使人愁。

就连李白到了黄鹤楼都不敢提笔作诗："眼前有景说不得，崔颢题诗在上头。"足见这首诗有多美。

格律诗的创作如同戴着镣铐跳舞，唐朝这些伟大的诗人们，在有限的空间里腾挪转圜，硬生生让格律诗在唐朝出道即成为高峰，后世再难逾越。所以，唐朝之后，诗歌创作都乏善可陈，只好另辟蹊径。王国维在《宋元戏曲史序》中说："凡一代有一代之文学，楚之骚，汉之赋，六代之骈语，唐之诗，宋之词，元之曲，皆所谓一代之文学，而后世莫能继焉者也。""一代文学"并非意味着其他文体就消失，宋元明清，诗歌还是很正统的文学形式，各种文体并存，都在创作，只是"一代文学"成就更高更加繁荣而已。

"有意味的形式"，标志着形、意兼美的语言欣赏标准。李泽厚认为，"人的审美之所以不同于动物性的感官愉快，在于其中包含有观念、想象的成分"，"有意味的形式"是"积淀了社会内容的自然形态"，"美在形式而不即是形式。离开形式（自然形态）固然没有美，自由形式（自然形态）也不成其为美"，最终得出了"美在形式不即是形式"的精辟论断。

李泽厚这个观点是就新石器时代的陶器文饰而得出的论断，但文学语言的美也有似于此，每一代的文体都是这样，没有形式的约束，很难形成美的感受，一旦太过讲究形式技巧，内容表达就会受到约束变得狭窄，很难有真情实感，也难以形成美的感受。所以，文学语言就在约束和挣脱约束中螺旋式变迁，呈现出多样态的美。

语言的美在流动

语言的美并非一成不变，它会随着时代的发展而变化。

从"五四"时期开始，随着时代的急剧变化，语言审美的变化也更加明显，美感虽是个人的主观感受，但必然烙着时代的印记，没有谁可以摆脱时代潮流的裹挟。

对语言美的最大颠覆，是白话文的兴起。口语进入创作从宋代的"话本"就开始了，元明清以来一直没有停止。但这次不一样，是对文言文的彻底摧毁，白话文获得了官方语言的地位，从此，言文合一，白话代替文言文成为现代汉语和现代文学语言的主要载体。

胡适在1917年1月的《新青年》上发表了《文学改良刍议》，提出文学改良应从"八事"着手：须言之有物，不模仿古人，须讲求文法，不作无病之呻吟，务去滥调套语，不用典，不讲对仗，不避俗字俗语。

这个时代，美的语言就是白话。

胡适带头创作了这样的白话诗，《风在吹》：

风在吹，雪在飞，

老鸦冒着风雪归。

飞不前，也要飞，

饿坏孩儿娘的罪。

还有《湖上》：

水上一个萤火，

水里一个萤火，

平排着，

轻轻地，

打我们的船边飞过。

他们俩儿越飞越近，

渐渐地并作了一个。

我举的这个例子其实有点极端，这是早期的白话诗，肯定有矫枉过正的意思，也是开先河的探索。其实新文学运动的先驱们大多出身书香门第，学贯中西，他们有很深的传统文化底蕴，且大多有过海外留学经历，受过西方文学的熏陶，完全知道白话文取代文言文的利弊得失，所以，民国时期的文人们为现代白话文的语言美的确立其实是有诸多贡献的。

鲁迅、周作人、郁达夫、林语堂、冰心、朱自清、俞平伯……一个个响当当的名字，其语言文字都可以称得上是现代汉语的典范，他们似乎在宣言：看，白话也能写得很漂亮的。北京大学钱理群先生对这个时期的散文创作评价极高："'五四'时期散文创作数量之大，文体品种之丰，风格之绚烂多彩，名家之多，都异常触目。"

冰心和朱自清的语言之美在中小学课本里是经常见识的。所以这里我们看看周作人的语言，在《北京的茶食》一文中有这样一段话："我们于日用必需的东西以外，必须还有一点无用的游戏与享乐，生活才觉得有意思。我们看夕阳，看秋河，看花，听雨，闻香，喝不求解渴的酒，吃不求饱的点心，都是生活上必要的——虽然是无用的装点，而且是愈精炼愈好。"

娓娓道来三言两语，不仅流露出了文人雅趣，而且还很有哲理，生活中一些看似无用的需求往往能给人带来美的享受。这些白话中，我们依然读出了古典的意境，获得一种来自内心的感性愉悦。

《喝茶》："喝茶当于瓦屋纸窗之下，清泉绿茶，用素雅的陶瓷茶具，同二三人共饮，得半日之闲，可抵十年的尘梦。喝茶之后，再去继续修各人的胜业，无论为名为利，都无不可。""瓦屋""纸窗""陶瓷茶具"，这样的喝茶是有一定审美意趣的；而"半日之闲"之后，各自奔波，"为名为利，都无不可"，这样的人生已经到了一定境界，这样的文字如同不施粉黛的美女，美成另一种味道。

周作人于日常琐事的记录有如张岱的小品文，文字的缝隙里都透露出淡淡的、闲闲的洒脱和情趣，人性的通透、生活的哲理就晕散在这些看似闲适的字眼里，谁说白话就意味着直白浅陋呢？

诚如冰心的主张："我主张'白话文言化''中文西文化'，这'化'字大有奥妙，不能道出的，只看作者如何运用罢了，我想如现在的作家如能无形中融合古文和西文，拿来应用于新文学，必能为今日中国的文学界，放一异彩。"①这一时期的语言，的确是深谙两个"化"的奥妙，虽是白话，但依然流露出厚重的文化气息，带着浓重的诗性印记，散发出古典汉语的美来。

---

① 　钱理群.中国现代文学三十年［M］.北京：北京大学出版社，1998.

比如戴望舒的《雨巷》：

撑着油纸伞，独自

彷徨在悠长、悠长

又寂寥的雨巷

我希望逢着

一个丁香一样的

结着愁怨的姑娘

比如徐志摩的《再别康桥》：

寻梦？撑一支长篙，

向青草更青处漫溯；

满载一船星辉，

在星辉斑斓里放歌。

但我不能放歌，

悄悄是别离的笙箫；

夏虫也为我沉默，

沉默是今晚的康桥！

这两首诗成为白话诗歌创作的典范，对后世的诗歌语言影响极大。

新中国成立以后，语言的美又有了新的变化。

"人的一生应当这样度过：当回忆往事的时候，他不会因为虚度年华而悔恨，也不会因碌碌无为而羞愧；在临死的时候，他能够说：'我的整个生命和全部精力，都已经献给了世界上最壮丽的事业——为人类的解放而斗争。'"

这是苏联奥斯特洛夫斯基《钢铁是怎样炼成的》一书中的主人公保尔·柯察金的人生格言，在 20 世纪 50—60 年代，这段话激励了无数年轻人的青春，许多人把它抄写到笔记本上并奉为圭臬。

20 世纪 50—60 年代还有几十个和几百个学校、班级和生产队，用卓娅和舒拉的名字命名，因为《卓娅和舒拉的故事》受到青年的追捧，这两个名字成为保家卫国的优秀青年的代表，也是最美的名字。

这个年代，充满了革命的英雄主义和为共产主义事业而奋斗终身的激情，这些语言会激起人的心中的责任感、使命感，会赋予人生很强的社会价值，因此能给人一种神圣的美感。

"人生自古谁无死？可是一个人的生命和无产阶级永葆青春

的革命事业联系在一起，那是无上的光荣！"

"虽然这个力量是看不见的，然而确实存在，从那些病弱的战友的脸上，从毫无怨言地承受任何考验的斑斑伤痕中，从显示每一个人的意志和决心的合唱里，都可以感触到这无形的、但是百折不挠的东西。"这是《红岩》的语言，也是被当年的年轻人抄写到笔记本上反复读诵的句子。江姐、许云峰、小萝卜头、华子良等为革命牺牲的《红岩》英雄群像深入人心，成为坚持信仰、追求光明的象征。

语言必然留着时代的印记，所以语言的审美是流动的，鲜活的，也是时代精神的反映。

"所有的日子，所有的日子都来吧！让我编织你们，用青春的金线和幸福的璎珞，编织你们。"王蒙的长篇小说《青春万岁》开篇的这句话激起许多人对青春的向往，这样明快的语言带给人希望、带给人对未来的期许和憧憬。《青春万岁》本来是写新中国成立以来，旧时代走过来的年轻人的新风貌，但是出版的时候已经到了改革开放初期。这句话恰如 20 世纪 80 年代的中国，充满了阳光和希望。不管是伤痕文学的记录，反思文学的思考，改革文学的探索，那时候的语言是有力度、有个性的。

"黑夜给了我黑色的眼睛，我却用它来寻找光明。"（顾城《一代人》）这两句诗打动了无数人，仿佛是暗夜中突然照进一道光，是震撼，是明亮，是希望，也是一代人的执着。这个年代的语言在思考人的本质，在思考人的自我价值和尊严，在张扬个性，在寻找独立。舒婷的《致橡树》："我如果爱你——/ 绝不像攀援的凌霄花 / 借你的高枝炫耀自己 /……我必须是你近旁的一株木棉 / 作为树的形象和你站在一起 / 根，紧握在地下 / 叶，相触在云里。……"

20 世纪 80 年代，语言呈现出多元的审美取向，莫言的语言以汪洋恣肆被人称道，且看《红高粱》中的表述风格："高粱高密辉煌，高粱凄婉可人，高粱爱情激荡。秋风苍凉，阳光很旺，瓦蓝的天上游荡着一朵朵丰满的白云，高粱上滑动着一朵朵丰满的白云的紫红色影子。"从统一的语言模式下家解放出来，这样的语言是灵动的，跳脱的，高粱不只是故事的背景，更成为人的精神的象征，有一种悲壮的，但又发散着生命力的充满力量的美。

还有一种表达，尝试将标点符号隐去，追求一种节奏感和韵律感。刘索拉《蓝天绿海》这样写："蛮子你别忘了你喜欢的那首歌'我的心属于我'你别忘了小时候把芙蓉花瓣捋下来算算好运气你别忘了不相信人并不是你的特长你别忘了还有一些事情你想都不会想到……""你别忘了"好像节拍符号，给读者打着节奏，引导着乐曲的旋律，直到品味出语言饱含的浓郁情绪，一种克制的忧伤。

有的叙述语言也和诗一样跳跃，纯粹是感受的描述，表达完全不受规矩的约束。余华《十八岁出门远行》："柏油马路起伏不止，马路像贴在海浪上。我走在这条山路上，我像一条船。"苏童《飞越我的枫杨树故乡》："那将是个闷热的夜晚，月亮每时每刻地下坠，那是个滚烫沸腾的月亮，差不多能将我们点燃烧焦。故乡暗红的夜流骚动不息，连同摇粟花的夜潮，包围着深夜的逃亡者。"

那个时代的语言仿佛在尝试变换姿势寻找一个合适的存在状态，或者是伸着触角四处探寻，在摸索一种走向，总之，如同百草园中的春草在茁茁生长，一如那个野蛮生长的时代。

语言的美需要时间淘洗

《诗经·卫风·硕人》赞美卫庄公夫人庄姜："手如柔荑，肤如凝脂。领如蝤蛴，齿如瓠犀。螓首蛾眉，巧笑倩兮，美目盼兮。"前面五句，仔仔细细描摹了庄姜的美，毫发毕现，美得没有一丝缺憾。然而，如果没有"巧笑倩兮，美目盼兮"这八个字，美则美矣，却少了神韵。"巧笑""美目"让一个静态的美人活了起来，有了风姿骨骼，鲜活才是美的。

语言的美有似于此，语言的生命力就在于不断增加鲜活的词汇，不断增加鲜活的表达方式。不断演变的语言，才能摹写和表现不断变化的时代风貌、文化艺术、科技发展等。哲学家维特根斯坦曾说："语言的边界，就是人类认知的边界。"这句话放到哲学的范畴内可以有许多种理解方法，放在我们生活中，想一想人类幼崽的成长规律，想一想原始社会发展至今语言的进化，就理解了语言和认知的关系，所以，语言不断吸收外来词汇，不断进行话语创新，以最鲜活的状态，给人带来新的识见，新的感受。

语言的鲜活，来自外来语的加入。

外来语汇一直充实现代汉语的词汇库。简单地说，对外交流越频繁越会催生大量的外来词，比如西汉的时候，传进来葡萄、苜蓿；唐代的时候有了来自印度的菠菜、茉莉，现在的沙发、席梦思，这些具象的名词最直观地反映了语言受外来词汇的影响，这些都是显而易见的，还有一些抽象的词比较隐蔽，经过长期融合成了汉语词汇中不能或缺的一部分，而且使用频率很高，使我们几乎忘记它并非土生土长的汉语了。

现在使用最多的外来语要追溯到百年前的新文化运动，其实早在清朝末年，一些有识之士比如严复就开始大量翻译西方的著作，期冀引入西方科技文化，改变中国的现状。直到 1919 年，一大批接受过西方教育的新文化运动先驱大力提倡"德先生""赛先生"，充满西方科学、民主思想的大量语言进入汉语词汇，时至今日，这些外来词成为我们社会的主流词语，以致离开这些词就无法构成完整的话语体系，也无从进行思考。

虽然严复在翻译西方著作的时候，力求保留古汉语的神韵，译法也更符合"雅"的要求，但是在流传和使用的过程中，相同的词语后世却都采用了日本对西方著作的翻译，这里面有两个原因：一是日本的翻译更趋于白话，比较简单易理解，更容易普及；二是日本明治维新比中国新文化运动早，学习西方先进技术时间更长一些，他们的词汇更丰富，表达也更准确。语言是很会"趋炎附势"的，推行白话文在中国是大势所趋，而日本的科技发展也比中国更加发达，所以也就更接受日本语了。

南京大学文学院教授王彬彬有一段话很好地解释了这种"趋炎附势"："先是汉字和汉语词汇进入日本，并造就了日本的书面语；当日本在近代与西方相遇后，便大量使用汉字和汉语词去译相应的西方名词、术语；出自日本学人之手的这些译语，在清末又潮水般涌入中国。"唐朝的时候汉字进入日本，而近代却是大量的日本语进入中国。

我们现在的汉语中有多少日本外来语？说出来会吓人一跳，据统计，我们今天使用的社会和人文科学方面的名词、术语，有70%是从日本输入的，这些都是日本人对西方相应语词的翻译，如社会、服务、组织、纪律、政治、革命、政府、党、方针、政策、申请、解决、理论、哲学、原则等，再如经济、科学、进化、商业、干部、健康、社会主义、资本主义、法律，还比如今天互联网上流行的给力、写真、入手、新人类，等等。

语言的活还来自话语的创新。

人类之所以成为人类，就是因为人类有思想，具有思维能力。语言不仅用来交流信息，更重要的是用于思考，一个新的词汇和新的话语出现，背后自然蕴含着思想的力量，会对社会的发展产生深远的影响。比如党的十一届三中全会之后，"改革开放""包产到户""经济特区"这些新词语的出现，对解放思想、发展经济、让一部分人先富起来产生了巨大的社会效应，推动了我国经济社会的快速发展；党的十八大后进入社会主义新时代，"高质量发展""中华民族伟大复兴中国梦""两个一百年"奋斗目标等新概念，释放出强大的思想能量，激发出推动新时代中国社会发展与进步的意志力和行动力。

语言的鲜活还在于不断吸纳方言词汇。

近年来，对汉语影响最大的方言莫过于粤语和东北话，20 世纪 80—90 年代，广东作为改革开放的最前沿，经济活动十分活跃，再加上有香港文化在全国的大流行，粤语歌曲、粤语电影风靡一时，粤语很快就进入百姓生活，北方的女人不再称自己另一半是"丈夫""爱人"，农村女人也不叫"孩儿他爹"了，全都改称"老公"，尽管后来人们钩沉出"老公"二字的其他含义，但并没改变这一听起来有点软糯的称呼正式进入汉语词汇的现状。这样的词很多，服务员改称"小妹""小姐"（小姐后来衍生出其他含义后就很少使用这一称呼了）；出门叫出租车都简单地说"打车""打的"；吃完饭结账，北方人现如今也都叫"埋单"；北方人动不动也会来一句"有没有搞错"，今天估计已经没有人会认为这句话原本来自南方了。还有"消夜""搞定""企稳"，都以其生动、形象的语言特质被普通话接纳。东北话则是因为它长期占领着央视这个话语中心，并且有春节联欢晚会的加持，所以"忽悠""好使""急眼"等诸多东北词语也进入全国人民的视野。

语言很会"趋炎附势"，哪个国家科技先进、文化影响力大，哪个国家的词汇就会被其他国家吸纳进来；谁掌握着主流话语权，它的发展就会靠近谁，领导、引导的话语总是很快占据舆论主阵地；哪个地区的经济发达，哪个地区的语言很快就跻身普通话的行列。《现代汉语大词典》一版一版地修改，目的之一就是不断更新和吸纳新的词汇，承认这些鲜活的语言对汉语生态的改变。

法国作家雨果说："语言和太阳都不会停住的。"所以，只要我们存在，语言就会不断传承，也会一直新生。现在，恐怕是中文诞生以来，更新迭代变化最快的时代了。因为互联网的出现，普通人有了便捷的交流和表达机会，所以催生了大量的网络语言、网络文学，同时也产生了大量的语言垃圾，这让许多钟爱中文的人大为不满，认为就是这些低俗的语言摧毁了汉语的美。

互联网语言是一种信息快速交换状态下的产物，本质属性就是快，因此其产生和消亡都基于一个快字。

语言也很会"趋利避害"，为了适应互联网海量信息快速交流的需求，就形成一批包括中英文字母、标点、符号、拼音、图标和文字等多种组合的网络语言，以便人们更加简洁、省力地交换信息。

最早的一批网络语言，好多都是快速打字出现的白字误用，为了快速交流，也便不改了，因为大家都懂得什么意思，不影响交流，所以迅速成为网络流行语，比如神马（什么）、酱紫（这样子）、海龟（海归）、稀饭（喜欢）等，有一些则是网民的创造，版猪（版主）、大虾（网络高手）、恐龙（低颜值女性）、灌水（论坛里发帖子）等。记得 20 年前，我在一家地方都市报实习做编辑，在报纸上也会用"美眉"这样的网络语言。

为了聊天效率和幽默诙谐，互联网越来越形成自己的语言体系，流行语、戏谑语层出不穷，分分钟就风行全网。还有一种风气，是全员主动去接受低龄化、巨婴化的用词和语法，《工人日报》专门发了一篇忧心忡忡的文章《警惕"摩斯密码"对母语的蚕食》："一代人有一代人的语言世界，一代人有一代人的社交方式。不过，在尊重 00 后生活方式的同时，也有必要提醒年轻人注意捍卫中华文字的纯洁性。从母语角度讲，如果过度地把汉语文字简化、借代、英化，不仅容易扭曲语言修辞的艺术美，而且会淡化稀释汉语言文化积淀的情感基础。比如 'ssfd' 'zqsg'，从语言文字本身来说，显然没有"瑟瑟发抖""真情实感"具有美感。这好比赖以生存的大地若水土流失，难免要丧失其应有的生长万物的功能。"

没想到的是，继 00 后的"摩斯密码"外，10 后干脆去语言化了。Emoji 相信大家都不陌生，Emoji 即绘文字，也被称为黄豆人表情，最初是日本在无线通信中所使用的视觉情感符号，后来成为网络聊天中的重要元素，中老年人都应该用得很顺手了，现在 10 后交流不再用语言，组合 Emoji，和一般人用的表情意义完全不在一个频道上。

Emoji😬，一般定义是咧嘴露齿笑，在 10 后这里是"我可能需要你帮个忙"，这些表情符号一组合，都有它们独特的定义，比如一只小鸡加上一个水滴，这是问几点了，诸如此类，用表情组合就可以表达很复杂的句子。在 10 后那里，数字也是用来说话的，520 就是我爱你，746 就是气死了。甚至他们连数字都懒得用，三个问号就是一句话：在哪呢，四个问号是在问出来玩不。也难怪越来越多的人面对互联网低幼和粗鄙的语言不无担心，祖先留下优美的语言还能传承吗？

那当然是可以传承的，这一点无须多虑。

首先，不用说在古代，就是在纸媒时代、广播电视时代，能够发声的都是思想家、文学家和社会精英，无论是传播自己的思想，还是阐释自己的主张，都会传达严肃的内容、使用正统的语言。而现在，互联网降低了信息传播的门槛，给了普罗大众一个发声的机会，社交媒体、自媒体让阅读和写作的标准变得很低，语言的幼稚和粗鄙也就在所难免。换一个角度看，互联网的低门槛使得更多的人开始阅读和写作，这正是培养语言美的感受能力，也是汉语言文化积淀的过程。事实也是如此，公众号出现之后，我们发现有的公众号经过几年的经营，无论是专业水准还是语言表达，都已经达到相当优秀的水平；许多网络文学创作也在一众平庸雷同的文字中脱颖而出，进入出版社的视野，有的被拍成了电视电影，这对于汉语言发展来说绝对是值得欣慰的幸事。

其次，互联网语言的主要功能本来就是用于实时、快速交流，说白了就是用大量的口语，是一种大众化的非正式表达，以期更加简洁和便捷地交换信息，所以才会出现大量的缩写、简写、符号等。互联网语言更新迭代快到什么程度，现在的网友恐怕早就不知道早期的互联网语言，比如"灌水""冲浪"是什么意思了。速度高于一切的时代，真不能指望年轻的 Z 世代们在手指尖上发出去的话必须是整句话、整段话，标点语法十分周全了。

再次，在大量的互联网密码式语言和语言低幼化背后，是一种社会心理现象，和对中文之美的戕害毫无关系。英国的加亚·文斯研究表明，语言同身份以及文化归属感关系非常密切，通过和语言习惯相似的人组成团体，年轻女性知道社会上还有人支持她们，她们就能从这个小圈子中获得力量，这也是年轻女性创造新语言的原因之一。互联网流行语和符号化也是同样的道理，是使用者背后的"族群认同"需求，别人不知道的流行语和符号式语言就是族群内部相互认同的介质，他们独特的族群会让他们获得认同，并以此为骄傲。互联网语言的低幼化则是人们的一种心理防御机制，面对日益加剧的社会生活压力，人们用这种退行的行为，来减轻内卷带来的精神压力，以恢复心理平衡，这只是纾解压力的一种方法，并不意味着语言就此被摧毁了。我们要允许精英们用语言承载思想文化、意识形态，也要允许老百姓用幽默、戏谑的语言来纾解压力，宣泄情绪。

最后，也是最重要的一点，美的语言本身就需要经过时间的沉淀与淘洗。从古而今，大部分语言都随着时间沉寂在历史的长河里，只有少数人创作的少数经典才留到今天，文言作为古典文学的书面语，也是从老百姓使用的直白浅陋甚至低俗的口语中反复筛选提炼而成，所以，用汉语中几千年淘洗留下的阳春白雪的精华语言，和用于交流的互联网上的下里巴人的口语进行对比，完全没有可比性。

在泥沙俱下的互联网语言中，也并非一无可取，还是淘洗出来一部分充满活力的语言，进入主流语汇。2010 年 11 月 10 日，《人民日报》头版头条发表《江苏给力"文化强省"》一文，也因标题使用了互联网流行语"给力"而被广大网友称为"2010 年最给力的标题"。2021 年 8 月 19 日《新华日报》评论员文章《在更细"颗粒度"上下功夫》，《人民日报》2022 年 4 月 6 日发表《用数字化赋能公共文化服务》，2022 年 4 月 7 日发表《精准发力赋能先进制造业》，"赋能""颗粒度"都是标准的互联网语言。

谁说今天的中文没有古典的美感？

看一看在央视《中国诗词大会》节目上，几岁的稚子已经能够背诵上千首古诗；看一看在小区做核酸排队间隔线上，每一条线上印着的古诗；看一看《只此青绿》《唐宫夜宴》这样由 90 后的年轻人编排的舞蹈，就应该相信，汉语的美一定会传承千古。

第五章

图书语言的情绪价值

图书是一种古老而又特别的语言产品，人们通过书本来掌握知识，提高认知，获得思想，开阔眼界，总之，读书是一种特别的享受，阅读书的内容，人们心有所悟会让人豁然开朗，也会心有所感而会心一笑，会悲伤着书中的悲伤，快乐着书中的快乐。当然，也会因为认知不同而蹙眉，无论如何，图书自带一种打动人的情绪。不只是书的内容，即使只是拿到一本书，悦目的封面构图，别致的装帧设计，都会勾起人的美感。所以，图书的语言，除了文本以外，还有所有构成图书的元素，比如插图、色彩、装帧、纸张，这都是编辑的学问与能力。

图书的情绪价值

情绪很难用语言表达，尤其是产品引发的那种微妙的低强度情绪。如果用一句简单的话来表述情绪是什么，那就是感觉上趋近直觉上认为是有益的事情，或者感觉上远离直觉上认为是有害的事情。情绪会把人拉向好的刺激，推离坏的刺激。这就是情绪的价值。

在飞速变化的数字化时代，人们的消费习惯已然发生变革，信息快消背景下，产品的情绪价值已经超越了功能价值成为打动顾客、促进销售的重要因素。图书是作者和编辑共同生产的一种产品，当然也不例外。

我们来了解一下何为情绪价值。产品的情绪价值是指产品激发出来的情绪让顾客获得了美好的感受，从而使顾客愿意为这种美好感受买单并支付情感溢价。

以 2022 年冬奥会的吉祥物冰墩墩为例，冰墩墩销售的火爆超出了各方的预期，预售已经排到奥运会结束后的一月有余，且许多地方连预订都不接受。在物质产品极为丰富的时代，这种消费情形比较罕见。与这种情况类似的，还有故宫的一系列文创产品受到追捧；神舟十二号载人飞船在酒泉卫星发射中心成功发射后，航天文创也掀起购买热潮。

这些现象背后，都有一个重要的驱动力：情绪价值。产品的热销不再单纯依赖本身的基本功能，还附着着顾客强烈的情感与感受：一"墩"难求的背后是各国消费者对全球新冠肺炎疫情大背景下，我国成功举办冬奥会的认可；故宫文创的成功印证了中国传统文化的热度回温；航天文创的兴起则包含了人民见证国家强大、科技发展的骄傲，还有千百年来，人类对宇宙的探索热情。

除了产品本身蕴含的情绪价值外，产品之外还能创造情绪价值。2021 年河南大水灾的时候，运营艰难的鸿星尔克为灾区捐款5000 万元，经过媒体报道的发酵，网友自发跑到鸿星尔克的直播间疯狂消费，仅仅两天的销量就超过以往的年销量。主播说要理性消费，网友说就要野性消费；主播说有线头可以退换，网友说鞋底掉了都不换；主播说没货了，网友说我可以等三年，非要买预售产品……

这一反常规的消费行为背后，其实是公众对于"社会善意"的情感需求，也是对国货品牌的支持。这是鸿星尔克无意间创造出来的间接的、额外的情绪价值，和产品本身的性能并没有关系。

一旦产品拥有了情绪价值，顾客就愿意支付更高的价格来购买。这部分超额的价值就是情绪溢价。拥有情绪价值的产品，可以轻松摆脱不得不降价打价格战的内卷竞争，在市场中稳守一方立足之地。由此可见，产品的情绪价值可以分为直接情绪价值和间接情绪价值，这种情绪价值是可以在生产或销售的过程中创造出来的。比如淘宝发布的 2021 年度特殊榜单，奥运冠军杨倩同款小黄鸭、热播剧《觉醒年代》周边、吴京同款运动服等产品高票入榜。这些看似毫不相关的产品背后却有着共同的推动力：产品附加的情绪价值。

这足以说明，顾客对产品的选择偏好发生了变化，过去，衡量一件产品的好坏，主要看它的功能价值，现在，衡量一件产品的好坏，不仅要看功能价值，还要考量其情绪价值。功能价值看质量，情绪价值重情怀。顾客对产品"美好"感受的深层追求，源于社会发展进入了新的阶段。大致说来，有以下几个原因。

物质丰富。资源匮乏的时代，占主导地位的必然是解决功能性需求的工具性产品，实用性、持久度是第一购买标准；但是当产品极大丰富之后，人们就更看重它的外观是否足够精美，能否经得起把玩，可否带来愉悦。2021 年，我国已经全面建成小康社会，历史性地解决了贫困问题，物质生活极大丰富，社会的主要矛盾也转化为人民日益增长的美好生活需要和不平衡不充分的发展之间的矛盾。"美好"成为时代和社会共同的追求，这种美好既是对物质富足的追求，也是对精神世界达到丰盈的渴望。

顾客掌权。物质产品的极大丰富，供过于求成为常态，用户的选择余地加大，从而掌握了主动权，有了更大的议价能力。特别是互联网商业时代，顾客拥有了前所未有的话语权，随时可以发表关于产品或消费的各种意见。同时，独立的顾客，可以通过互联网社交平台链接成为一个巨大的消费社群，从而拥有更大话语权，甚至可以按照自己的独特偏好来定制产品，甚至直接参与产品生产。

精神匮乏。少子化的家庭结构以及移动互联网的影响，使得现在的青少年一代形成了迥异于既往代际的情感结构，他们内心深处是孤独的，他们的生活基本是独自坐在电脑屏幕前、与世隔绝的，造成了物质生活极度丰富，精神生活空前匮乏的群体性孤独现状。可以这么理解这个现实——互联网催生的群体性狂欢背后是年轻人的群体性孤独症状。

天性驱动。玩乐是人的天性，人类在玩乐的过程中，发育了大脑，学会了交往，创造了文明。史蒂芬·约翰逊说："新想法之所以会产生，仅仅是因为它们很有趣。更加奇怪的是：很多用于玩乐的，看似琐碎的发明，最后却在科学、政治和社会上引起了重大变革。"无论是个体的需求，还是社会的发展，都离不开玩乐这一驱动力。

图书本身是一种产品，而且是一种自带情绪的产品，这种产品更应该利用自身优势，创造情绪价值，打动读者，这也是图书编辑的一门功课。

发掘语言蕴含的情绪

情绪是人类进化的过程中逐渐建构起来的一种心理感受，和生活经历和思想认知紧密关联，能够建构人类情绪的因素有很多，文字作为交流和表达信息的符号，无疑是最为独特的一个。

文字本来没有意义，带给人触动和情绪的时候才具有了意义。所以，一本图书的书名、封面宣传语的选择就成为打动人的关键要素。

有这样一本书，书名叫《岛上书店》，它在不借助电影、游戏等周边产品的商业化推广的情况下，居然畅销全球 20 多个国家，这样的感染力足以让一个图书出版人羡慕了。

这本书的封面文字在情绪建构上很有代表性，封面上最醒目的一句话放在腰封："每个人的生命中，都有最艰难的那一年，将人生变得美好而辽阔。"许多人也许没有读过这本书，但记住了这句话。只要活着，哪个人没有经历过艰难？这是普遍存在的感受，人类的大脑天生更关注消极的事物，这一机制有效地保证了人们对环境中的危险因素保持高度警觉，以便更好地生存。基因中的不安全感和负面敏感，让人类更容易对痛苦、艰难、孤独的感受产生共鸣。美好而辽阔，是艰难之后的价值，也是度过艰难时刻的力量支撑，是希望，也是生活的意义和人类进化的动力，足以唤醒大众普适的情绪情感。

书名《岛上书店》下面紧紧跟了一行字："没有谁是一座孤岛"。许多网友在书评中写道，因为书上的这句话决定读这本书。也有网友用两个词形容这句话带来的感受："波澜壮阔""感动心扉"。

岛是江河湖海里四面环水的陆地，独立于大陆之外，本身就是一个孤独的意象。封面语用"孤岛"更突出了人的孤独。对于惯看人情冷暖、历经人间百态的人来说，"他人即地狱"，但约翰·多恩的诗句却似凛冬中的一盏烛灯，明亮又温暖："没有谁是一座孤岛，在大海里独踞；每个人都像一块小小的泥土，连接成整个陆地。"

书和书店本身就是容易建构情绪的概念。乔治·马丁说过："读书可以经历一千种人生，不读书的人只能活一次。"书店让人感觉到希望和世界的无数种可能，书中的思想和岛周围的江河湖海一样深邃美好而壮阔，具有无比的吸引力。

"岛上书店""没有谁是一座孤岛""没有谁是一座孤岛，每本书都是一个世界"（封底语），步步递进，在淡淡的忧伤中建构了温和的希望，治愈的暖意。人是孤独的，但人间总归还是温暖的。

这些话，总有一句能够打动你。或者你正处在低谷，或者你正遭遇挫折，或者你正感到孤独，或者你刚刚渡过了难关，都会被美好而辽阔的治愈希望所吸引。孤岛、书店、世界、艰难、美好，这些词语自带独特的审美感受，很容易就带动了读者的情绪。

除了封面的文字，文本书写形式要做到感受第一。

感受是心理状态（即情绪状态）与生理状态（即身体感觉）的综合。印度哲人克里希那穆提说："感受，是我与其他事物建立关系的那一刹那的产物。"在一般情况下，我们总是力所能及地让自己获得好的感受，让自己愉悦和舒适。特别是对于青少年而言，更是如此。

以我在2020年策划的一套《青少年毒品预防教育丛书》（包括《大学生毒品预防心理学》《中学生毒品预防素养》《小学生毒品预防认知》《小学生毒品预防认知绘本·嗡嗡快跑》）为例，我在工作中发现，出于无知好奇或者家庭关系的原因，不少青少年染上毒品。他们既不了解毒品，也不了解自己。其实，青少年毒品教育的书并不算少，全国也开展了各种形式的毒品教育，但总体上效果并不尽如人意。原因在于，这些图书的文本书写方式比较传统，只注重了知识的科学性，却没有兼顾生动性，没有注重青少年的阅读感受，更像是一本本枯燥乏味、没有温度的工具书。这套书就被读者评价为很上头，一个重要的原因就是写作方式注重了青少年的感受和接受度。

对于成年人而言，他们在社会化的过程中，会不断地将各种价值标准内化于心，从偏于理性的角度来判断一件事或者一个行为是好的还是坏的，只要是有用的，能给自己带来好处的，成年人往往会选择忽略感受上的好坏，这就是价值判断。但对于青少年来说，判断一个人、一件事、一个行为的对错优劣，主要看自己的感受如何，这是他的发育阶段和发育特点决定的，这则是感受判断。毒品的相关知识，如果用说教、强迫的方式灌输给他们，只会让他们产生抗拒心理，不愿吸收，从而导致毒品预防教育流于形式。所以，在策划本套丛书时，我们就文本的书写确定了一个原则：首先要充分尊重孩子的感受和情绪，扎实架构丛书的情绪价值，吸引他们的关注，激发他们的阅读意愿，这对于预防毒品大有裨益。

这套书以感受为前提，在框架设计、内容选取、语言风格上都采取了与以往教材迥异的处理方式。内容框架主要围绕人的心理规律，人寻求毒品作为安慰剂的心理原因；人对毒品的发现、认知和使用过程；引导青少年跳出自己的心理局限，预防毒品的方法。在写作材料的使用上，不是就毒品谈毒品，而是旁征博引，使之知其然，也知其所以然。在语言风格上，讲清道理但不说教，幽默风趣，内容输出口语化，更符合青少年的偏好，用故事疫苗的形式慢慢渗透毒品预防的相关知识。

比如，在介绍毒品是人为开发的结果时采用的语言是这样的："有人说罂粟恶毒，云南的菌子也不会服气。论毒性，毒蘑菇要远远超过罂粟。"比如引导青少年预防毒品需要扩充自己的知识容量时，讲述了一个早年美国人把法国宾馆里的便后洁身器当作饮水机的故事，然后这样写道："这是源自法国贵族传统的一种做法，而美国人没有这种传统，脑子当然是一片空白，只能用既有的概念来认知新事物了。所以，建立认知防毒墙的第一步就是要认知扩容，增加对各种毒品的感性认知。"

这种写法很受青少年欢迎，他们给出了这样的评价：单看书名并没有多大兴趣，但只要翻开一看，会很上头，就想一口气看完。

内容创新的情绪价值

据国家广播电视总局、智研咨询整理统计，2020 年中国书籍出版品种相比 2019 年出现小幅减少，但总量依然巨大，共出版 40.4 万个品种，其中新版图书 19.5 万种。图书品种数量如此之多，读者选择余地如此之大，如何才能让一本图书从一众图书中脱颖而出，引起读者注目，关键还是看图书内容。

图书内容是图书产品的主体部分，也是它的核心价值所在，要想在内容生产中创造情绪价值，激发读者的美好感受，使之获得阅读快感，必须得创新内容设计。比如，参与体验式的内容设计。

参与体验式内容的设计，是基于其精神抚慰的意义。参与体验式设计的出现有两个原因，一是现代人生活压力膨胀，二是数字媒介技术的发达。这样的时代背景下，文化产品的受众感知结构发生了变化，由单纯的旁观转变为直接介入、参与。比如，微博和公众号的评论，视频网站的弹幕，受众的参与已经成为一种文化现象。纸质图书的设计也应随之呼应阅读群体的情感诉求，以读者参与的方式创造出情绪价值。

《答案之书》这本书充分展示了运用参与体验式设计内容，从而构建起情绪价值的方法。《答案之书》最早于 1999 年 10 月在美国出版，很快就风靡全球，长期受到追捧。这本书 600 多页，没有编辑页码，每页只有一行文字，阅读该书的方法是，把手放在书上，先用 10—15 秒时间集中精力思考自己想要寻找答案的问题，心中默念或者轻轻说出来，然后在你感觉想打开的时候随机翻开一页，书中显示的就是问题的答案。

如果你在思考一个问题："人可以长生不老吗？"静心数秒后，随手一翻，你可能看到"一成不变"这样一个答案，也可能是"殊途同归"，或者是"一个人安安静静待会儿"。这些答案模棱两可，并不确切。如何解读，其实取决于提问者内心的倾向性认知。

1948 年，心理学家伯特伦·福勒通过实验证明了一个心理学现象，即人很容易受外界信息的暗示，从而出现自我认知的偏差，会认为一种笼统的、一般性的人格描述十分准确地揭示了自己的特点，这种心理倾向被称为福勒效应，也叫巴纳姆效应。《答案之书》这本书内容的设计，充分利用这一心理学规律，每个答案都是似是而非，很笼统的，由于思维的验证性偏差，无论翻到哪一个答案都会让你觉得是想要的答案。思维的验证性偏差，是指当我们主观上认定某一立场的时候，就会倾向于寻找支持这一立场的信息和论据，而忽略那些能够推翻该立场的证据。也就是说，比起证伪自己的信念，人们更愿意证实自己的信念。

生活中总有无数问题，也面临无数种选择，职业变化、情感波折、学习困境、生活难题，在这些未知问题的萦绕下，人们总期冀一个答案或者提示，给自己增添一点勇气。其实，人有时候并不是需要答案，需要的只是旁人的一个态度，需要多一个声音、多一种思路去印证自己的想法。

《答案之书》一问一答的意义，不在于让读者真的找到答案，而在于重新定义"读者－作者"的关系。这一类书的价值不在于知识和信息的提供，亦不在于传达思想，更像是为读者提供精神慰藉。

另一本具有精神抚慰意义的参与式图书是《秘密花园》。2015 年，成人涂色书《秘密花园》由后浪出版公司推出，随即风靡全国，上架 3 个月就突破 100 万册的销量，一度被称为"减压神器"。心理学家认为，成年人涂色可以看作是艺术行为治疗，当人们沉浸在填色的过程中时，几乎能达到冥想的状态，的确对心理亚健康有疗愈作用。

这些图书产品的出现，打破了常规图书阅读中读者处于相对被动的状态，让读者积极参与其中，甚至扮演着主要角色。它的价值不是图书本身传达的信息，而是把重心放在读者的阅读体验上，充分满足了读者的情感需要与价值诉求。

还有一种内容创新的方式是好奇心的驱动。

好奇是人的天性，探索是人的本能。人类基于生存本能和安全需求，总是不断产生对未知事物的认知需求，这一本能就积淀成为人的天性，这个天性促使人总是喜欢探索新奇的、神秘的事物，当探索过程具备一定的挑战性时，多巴胺的产生和释放就会加快。多巴胺是大脑中与快乐和情绪紧密关联的一种神经递质，一本书如果能加快多巴胺的分泌，就意味着情绪价值的创造是极其成功的。

烧脑神书《忒修斯之船》就是这样一本书。2016 年中信出版社推出简体中文版，168 元的不菲定价，开售两天就卖出 2.5 万套，如今已经是第 31 次印刷了。在疲软的纸质图书市场，这种现象让痴迷传统出版的出版人很受鼓舞。

《忒修斯之船》是《星际迷航》《星球大战 7》的导演 J.J. 艾布拉姆斯和美国小说家道格·道斯特合著的，装帧设计新颖，内容充满神秘，这本书的出现，被认为是纸质书对电子书的绝地反击，在阅读体验上完胜电子书。

《忒修斯之船》的故事用一本 1949 年出版的馆藏旧书做引子，所以读者打开它的黑色函套，看到的书是做旧的图书馆藏书模样，从里到外十分逼真：内页微微泛黄，边上写满不同颜色的批注，书中夹着 23 个附件，有旧信笺、旧照片、罗盘、地图，甚至有写满字的餐巾纸，整本图书及附件在质地上都保留了接近原始物件的真实性。

从内容来看，书名本身就充满悬疑，"忒修斯之船"是一个著名的哲学命题：忒修斯之船在海上航行的时间太久了，久到每一块船板都已经换过了，那么，这艘船还是不是当初的那艘船？本书故事设计采用"书中书"的形式，多线程叙事结构，讲述了女学生珍因为一个偶然的机会，在图书馆读到石察卡 1949 年出版的《忒修斯之船》，发现石察卡的研究者埃里克在书中的批注，两个人开始追寻作者石察卡的真相。同时，石察卡在这本书中虚构了一个海上世界，失忆的主人公不断寻找自己的身份，而作者未写完此书就人间蒸发不知所踪。当珍和埃里克一来一回交换批注，开始探解谜题，以为真相大白时，又发现了第三个人的笔迹……

这本书的阅读过程，像一个侦探的破案过程，凭借掌握的线索，解密事件的真相，读者得调动全部的脑细胞，其情绪也在阅读过程中跌宕起伏，让人欲罢不能。据说，这本书至少要读 5 遍以上才能接近真相，而真正读完之人少之又少，更不用说读懂了。尽管如此，这毫不影响读者对它的喜爱。事实上，这已经不是在读书了，而是在体验一个探索神秘的过程。

心理管理学家陈禹安提出，未来一切行业都将是玩具业，我们需要用玩具思维武装自己的头脑。玩具思维的基本要义是，在满足顾客基本功能性需求之外，额外为他们提供有趣、好玩、时尚、炫酷等更深层次的情感满足。它和工具思维的区别在于，工具思维用于解决物质需求，玩具思维则兼顾精神需求。这个精神需求，完全可以理解为我们所说的情绪价值。目前，玩具思维已经开始运用到图书产品的开发中。游戏和玩乐是人的天性，对于孩子来说更是这样。目前，童书产品设计较多运用玩具思维。

《汉字真好玩》是一本儿童识字的功能性图书，主要教孩子认识人教版一年级语文必知必会的 500 个核心汉字，但在产品设计上充分体现了玩具思维的精髓。它突破了传统死记硬背的识字方式，创意性地使用拉、扯、旋转，来展现汉字独特的结构组合，识字不再是一件枯燥的任务，而是一个游戏。

这套书根据汉字音形义的不同特点，设计了 128 个互动机关，推一推，转一转，汉字就有了不同的组合，并且通过主题分类，让孩子对象形字、形声字、会意字等造字方法也有所了解，从而掌握汉字的结构、字形的特点，还能做到举一反三，更容易地区分字形字义相近的字。

另一本《做了这本书》，也是利用玩具思维来为读者创造情绪价值。每页以不同的指示文字和插图，引导小读者去做此前从来不会对书做的事儿，比如放肆涂写，大胆搞乱，在页面上穿洞、涂上胶水，故意滴上咖啡，可以在书上做手工。还有可以大到放到地板上，任孩子爬来爬去的书，贴在墙上的书，可以吃的书，等等。实际上，成人读物中也可以利用玩具思维来建构情绪价值，因为游戏和玩乐也是人的天性，即使在老年期也会保留着这种游戏渴望。

内容生产中，还有许多建构价值情绪的方法，像《小林漫画》就是以萌为美，因为很治愈而受到欢迎。2020 年果麦推出的《蛤蟆先生去看心理医生》、新经典推出的《霍乱时期的爱情》都是与时代脉搏同频，契合了当年疫情肆虐下大众的心理需求，还可以利用人的逆反心理、社交需求、文化认同等，来建构图书的情绪价值。

其他环节的图书情绪

图书是一个情绪产品，这个产品的情绪价值贯穿在生产过程的每个环节。比如封面设计。封面，展现的是一本书的气质，是给读者的第一印象，同时也是阅读向导，一方面，它要以书籍的内容为依据，做到内容、形态、风格、色调的整体统一；另一方面，它具有独立的审美价值，能传递自己的情绪，是引领读者深入阅读和购买的关键。

一个好的封面设计，构图和文字必然是浑然一体的，还以《岛上书店》的封面为例，古拙的门、古朴的书，红与深蓝，和文字的气息融合一体，忧郁而又温暖，所以才有种看到封面就被深深吸引的感觉。有个网友这样描述他看到这本书的感觉："看到它躺在那儿，像是长出了一个生命，有一个未知的灵魂呼唤着你去和它交互。"

色彩本身就是一种情绪语言。红色是希望，蓝色是宁静、是智慧、是深邃，也是辽阔的人生。

《岛上书店》的情绪唤起，是用于突显其文艺气质。管理学图书《麦当劳悖论》则用新颖和新奇来建构情绪，整个封面以明艳的黄色为主色调，用起鼓、磨砂、UV 等工艺，在封面上呈现了一个足以乱真的汉堡，勾人食欲。书名置于汉堡中间，和蔬菜沙拉一起，还有一句封面语："局部优势取代平衡优势的偏胜法则"，下面一句更为醒目："颠覆了木桶原理的管理学力作"。

木桶原理是说一个木桶能装多少水，取决于最短的那块木板。管理学上用"木桶理论"来揭示一个企业要想获得发展，就必须补长短板。但这本书却提出，麦当劳的成功之道是一个悖论，那个诱人的汉堡背后到底有什么与众不同的发展之路，一个火遍全球的企业怎么就违背了管理学规律，引人深思。

麦当劳统一的黄色招牌，本身就是一个城市中温暖的意象，在许多地方，麦当劳的黄色招牌意味着深夜里永远能找到食物的地方，意味着不吃饭也可以理直气壮使用洗手间的地方，意味着累了不消费也能进去歇歇脚的地方，《麦当劳悖论》汉堡的构图、明黄的色彩和半遮半掩的文字配合，充分调动了读者的熟悉之中又尽享陌生的探究欲。

在图书的销售环节也能唤起情绪。

爱因斯坦曾经说过："人类最美的经验是神秘感，神秘感是一切真科学与真艺术的真源泉。"在图书营销的设计中，日本盛冈 SAWAYA 书店利用"禁果效应"建构情绪价值，营造了足够的神秘感，收到了非常好的效果。

在 SAWAYA 书店内，有一个非常特殊的柜台，柜台上方有这样一句话："这里有希望您阅读的书籍，让您体验人生的冲击与感动。"旁边一个小牌子写着："这就是'文库 X'的销售理念"。这个柜台的书，都用白色封皮包得严严实实，看不到书名，也看不到作者、出版社等信息。白色书皮上写着几句话，作为推荐说明，读者只可以凭着这些话来决定是否购买。这种玩法特别像现在流行的盲盒，买不买完全看心情，看推荐说明能不能调动人的情绪。

比如，有一本书的封皮上写着："非常抱歉，我不知道如何推荐这本书更好。不知道怎样才会让你感到有趣，或者充满吸引力，所以我决定把书名藏起来销售。我确信读了这本书的人都会心动，这是一本超过 500 页的书，但它不是小说，对于没有习惯买小说以外书籍的人，这可能是一本较难（懂）的书。"

这些话都是书店的员工根据自己的体会写的，对于了解这本书其实没有任何实质性的帮助。但人就是这样，禁止等于鼓励，越是禁止，越是鼓励，越是看不到，就越是想知道，事实证明，"禁果效应"很好地创造出了情绪价值，不仅盛冈当地的读者踊跃购买，日本其他各地的读者也都去盛冈抢购。"文库 X"首批推出的 60 种书在 5 天内就销售一空。有的读者在接受采访时明确表示，如果不是采用这种销售方式，自己是不会购买的。日本其他地方的书店看到 SAWAYA 书店的这一做法纷纷效仿，日渐萧条的实体书店因为这一独特的玩法而创造了销售奇观。

在国内，也有类似的玩法。2016 年 1 月，微信公众号"新世相"发起了"丢书大作战"活动。"丢书大作战"源于英国伦敦，因为《哈利·波特》中赫敏扮演者的参与而风靡了全球，"新世相"一直致力于推动国人阅读，于是顺势也在国内发起这项活动。这次活动邀请黄晓明、徐静蕾等明星共同发起，在北上广三地的地铁、航班以及滴滴顺风车上丢下 10000 本书，每本书都贴上了"丢书大作战"的醒目书贴以及活动介绍，扉页上还贴有每本书专属的独立二维码，扫码即可了解这本书的"漂流"轨迹，每一个捡到这本书的读者都能看到之前的读者留言等，一时引发全国人民的高度关注。

"新世相"的高明之处在于这个活动动员大家一起来丢书，激发了大家的参与感，也使得影响更大，但美中不足的是，选用"丢书"这样的字眼，在情绪价值的建构上稍显不足，缺乏足够的美感，甚至略显对书的不敬。在玩法上，神秘感的营造也不够，比如，黄晓明的字条上写着："我们都曾想守望麦田，然而有多少青春可以挥霍。"这句留言太过直白，很容易就让人联系到他丢的书是《麦田里的守望者》，而徐静蕾的宣传画则更明显，手里拿着一本《星际迷航》。如果能学习一下 SAWAY 书店的做法，营造足够的神秘感，这个活动可能效果更好。

电影《阿甘正传》有一句的经典台词："人生就像一盒巧克力，永远不知道下一块是什么味道。"不知道的味道才更有吸引力，用"禁果效应"来塑造情绪价值，永远屡试不爽。

萨都剌诗歌的审美探索

元代诗人萨都剌独特的经历决定了其诗歌的独特审美特征，我们可以从以下几个方面领略他在诗歌艺术上对美的探索。

中国画的大写意风韵

"诗是无形画，画是有形诗。"虽不能完全正确地道明诗画间的关系，但它至少可以说明，诗中有画而不全是画，画中有诗而不全是诗的相互交融、相互影响的作用。元代山水画极大发展，其飘逸疏宕、流动的创作境界在元诗中也有表现，萨都剌诗画兼善，尤喜山水，他常常用中国画的写意笔法来作诗，其诗大类文人的写意画。

我们可以从以下三个方面分析其诗词的写意特征。

简省之美

"简省"是指诗歌所表现的东西少，所使用的笔墨少。绝句中这种情况多见一些，它的篇幅很短，无法承担精雕细刻的重任，必须用线性的结构，最简省的笔墨表现自己所描写的对象，整首诗呈现一种灵动飘逸的美，写意传神，简洁明快。

《逢脱脱景颜》："市酒泻槽清似水。湖鱼出网白如银。买鱼沽酒丹阳郭，落日江南逢故人。"前两句写场景，后两句转到抒情，也只是用"买鱼沽酒"的忙碌动作，来表现"江南逢故人"的欣喜欲狂，这是本诗正题，但并无多余的笔墨来铺叙这种情感的具体内容，只是粗线条地点了一笔，概括简洁，其余的情态意绪留给读者，真是余韵袅袅，耐人咀嚼。

《沛尉蒋景山沛簿赵伯颜送予金沟月夜别去有怀》是一首送别诗："公子将军两少年，绣衣白马杏花天。醉中送客归城暮，回首金沟月满船。"前两句，仅用十四个字，点明送别的人物：公子、将军；人物的衣着：绣衣白马；送别的天气：杏花天。不用再仔细地铺陈了，也不用精雕细刻，送别环境和人物风貌所留的空白由读者自己去想象去填充，作者只用极其概括、简省的笔墨罗列了两三个意象，便把抒情的任务交给了后两句，后两句却转而写景了，所有的离愁别绪包容在一城暮霭，满船月色中，其余的所有感觉在诗外由读者去寻味，去咀嚼，没有明确地说出情感的内涵，也没有正面刻画离别之情，但别离的那种况味在暮霭和月色当中，人人都体会得很充分。

《酹江月·题清溪白云图》："周朗幽趣，占清溪一曲，小桥横渡。溪上红尘飞不到，惟有白云来去。出岫无心，凌江有态，水面鱼吹絮。倚门遥望，钟山一半留住。……"在短短的篇幅中浓缩了博大无比的天空和大地，然后再与其他的物体构成有生有灵的境界，这非丹青妙手是办不到的。

萨都刺的《上京杂咏》《上京即事》等诸多诗歌都具有这种概括、简省的美。《上京即事》五首之二："祭天马酒洒平野，沙际风来草亦香。白马如云向西北，紫驼银瓮赐诸王。"三言两语，不只勾勒出阔大的草原景象，而且孕育了宏大的场面，读者在阅读的过程中，主动把在诗中略一提到的场景注入动态的思维：风沙、奔马、香草、祭天仪式、赐王仪式，一下子便把读者带到广袤的大草原上，让他调动所有的器官去感受，特别是最后一句，把画面延伸得更远，这些大型的活动不是去摹其"形"，而是在写其"意"，全方位地调动出读者的主观感受，为诗歌注入更大的阅读空间。

简省之笔仅是蕴含着咀嚼不尽的"韵外之致"。司空图在《与李生论诗书》中说：

噫！近而不浮，远而不尽，然后可以言韵外之致耳。

……

倘复以全美为工，即知味外之旨矣。

要使诗歌产生"醇美"之味的美感效果，就必须达到"全美"，就诗歌的形象和意境来说．必须做到"近而不浮，远而不尽"。"近"，是指诗歌的形象具体鲜明，如在目前；"远"，是指诗歌的意蕴深远，不尽于句中。"近而不浮"，是指诗歌形象的具体性，它能使读者感到好似近在眼前，而不流于浮泛。"远而不尽"，则是指诗歌意境的启示性，它能引起读者的想象和联想，使人感到言已尽而意无穷。只有具备这两个艺术特点的诗歌，才会有"韵外之致""味外之旨"，给人以醇美的咀嚼不尽的美感享受。

疏宕之美

疏宕很容易让我们联想到中国画中特有的留白，故意在画面上留下一片空白，使画的气韵流动起来，有回旋的余地。疏宕的美表现在诗歌中，就是它所表现时空的跨度比较大，尽量不把诗句的容量空间填满。它不像具有工笔美的诗歌一样：意象繁密，显出明暗对比和立体效果。它总是以寥寥数笔的写意笔法勾勒轮廓，以平面的线条律动和笔墨节奏来展示自己的心灵和生命。它用留白的手法、镜头的推移来把缜密的画面扩大，使诗境呈现出一种疏宕的美。

萨都剌的诗歌在意境的设置上也充分注意到了这一点，《过献州》："西风老树昏鸦集，落日荒城暗雨崩。寂寞断碑秋草里，路人遥指献王陵。"诗歌的前两句是比较密的，十四个字六个意象，极力去营造历史的苍茫之感，画面上不觉得便拥挤起来，第三句，作者稍微推了一下镜头，秋草和断碑让画面露出了些微空间，第四句"路人遥指献王陵"，时间和空间同时拓展，"献王陵"让时间向历史纵深处回溯，"遥指"让空间向四周外延，这样时空一下子被拉大了，原先密集的意象在辽阔深远的天的背景下，也不见其密了，有了透气度，疏能跑马，显示出一种空灵的美。我们可以想象一下，如果后两句再堆积上繁多的意象，或者是再写近景，整首诗就显得太密，太密就会流于板滞，失去灵动，窒息生命的活力。

这种处理方法，在他的诗歌中很常见，《夜过白马湖》又是一例："春水满湖芦苇青，鲤鱼吹浪水风腥。舟行未见初更月，一点渔灯落远汀。"前两句是眼底之景，得见其色，得识其形，得闻其味。如果继续细致地描绘下去，就有点过于坐实，有写实的倾向，所以作者后两句宕开一笔，只写黑魆魆的暗夜里，远汀中的一点渔灯，一下子给眼前的景物设置了一个背景，光与影的和谐的旋律，让诗境充满灵气和飘逸之美。与张继的《枫桥夜泊》有异曲同工之妙，把"月落乌啼霜满天，江枫渔火对愁眠"这样绵密的江夜景色开辟出一片空间的，是悠悠扬扬从寒山寺传来的钟声，用声音留出了画面上的一片空白，有了间隙，从而就有了疏宕和空灵。

流动之美

中国艺术的空间从来不是一个绝对的、纯粹的、静止的、封闭的、几何形的空间形态，而是一个大大地时间化了的空间：一个流动的、开放的，试图打破现存空间格局的空间状态。这一美学特质在绘画中表现更直观一点。其实，中国诗歌也是这样，它的空间形态是一个时间化的，弯曲的，线性的，向远方延伸或向四方拓展的空间形态。在具有写意美的诗歌中，空间处理，更是这样。它常常使空间时间化、线条流动化、有限无限化。总之，它在追求一种深远感，在用种种手段，追求"远"的效果。

以刚才的《夜过白马湖》结句为例"舟行未见初更月""一点渔灯落远汀",远处的一点灯光行去,舟自漂动水自流,一片空间便随着水流,随着船影向远处推移,推移,空间渐渐阔大,同时也渐渐由静止而至于游动,游动着向远方伸延。它以空间的时间化产生了"远"的效果。

《题淮安王氏小楼四首》之一则以另外一种独特的方式产生了远,"江水粼粼鸭绿新,江头日日送行人。南来北去年年事,岸草汀花自在春。"岸草汀花是非常实际的事物,很难联想起"远"来,但一旦和"南来北去年年事"联系上,一岁一枯风景依旧,南来北去年年不同,一种时间上的深远感陡然而生,物是人非流年似水。平添了几分沧桑,思绪也不由得深长缠绵。《过献州》中的"路人遥指献王陵"也是这样,时间上突然向前拓展,一下子追溯到汉景帝之子河间献王刘德汉所生存的汉代,一代帝王子孙,而今是断碑与残陵,巨大的历史跨度,强烈的沧桑感觉,通过时间本身的延伸,诗歌就呈现了一种流动的、思绪深远的审美空间。

萨都剌还善于用动感极强的字眼激活画面,使画面产生流动之美,在他的词作中,也处处可见这种字眼,"闲看云飞"(《法典献仙音·寿大宗伯致仕千公》),"但见孤鸿影"(《卜算子·泊吴江夜见孤雁》），"出岫无心，凌江有态，水面鱼吹絮"（《酹江月·题清溪白云图》），"果见荒台落日，麋鹿来游，漫尔繁榛莽"（《酹江月·姑苏台怀古》），有了这些动态描写的妙笔，词里的画面就灵活、生动，在古色古香的词境中流露出飘逸、流动的美。

简省、疏宕、流动总而言之是追求审美上一种"远"的效果，"远"在意义上表示深邃玄远，在动势上表示飘逸灵动，在意念上表示超尘脱俗，正如胡应麟所言："曰仙、曰禅，皆诗中本色。惟儒生气象，一毫不得著诗，儒者语言，一字不可入诗。"①此说偏颇与否不在本文评述之列，但恰恰说明了一种心态，中国文人在现实生活中总是不敢违离儒家祖训半步，但其内在精神上，他更倾慕的是道家和佛家的思想。因而，他们的空灵艺术追求与这种精神旨趣是完全一致的，是这一心理最完满的外化形式。

色彩缔结的审美世界

马克思说："色彩的感觉是一般美感中最大众化的形式。"②扑

---

① 胡应麟.诗薮·内编卷五［M］.上海：上海古籍出版社，1979.
② 马克思，恩格斯.马克思恩格斯全集［M］.北京.人民出版社，1956.

入眼帘的色彩直接唤起人们心中的视觉感受，进而激发读者的想象和联想，最容易带人们走进诗的意境。色彩进入艺术的殿堂，当与绘画艺术的诞生同步。史前人类在创造图腾艺术时，就已经懂得使用颜料了。最为生动的考古证据，便是图腾圣物"丘林加"上的赭色颜料（它们极其生动地标志着原始人以生命化的自然色彩，赋予图腾物以自然美的形态）。

我国古代诗人早就注意到了色彩的夺人耳目，也把它用到了诗歌创作中，再加上光色的巧妙配合，创作出一幅幅扑朔迷离、情景优美的诗中画。李白《梦游天姥吟留别》《望天门山》《望庐山瀑布》，其瑰丽雄奇，如锦似霞自不必说，杜甫的"两个黄鹂鸣翠柳，一行白鹭上青天"自有一种恬淡高远的水墨境界，诗画兼擅的王维更是作诗如同作画，"日落江湖白，潮来天地青"（《送邢桂州》）精妙绝伦。在唐代，把个色彩驱遣得激情喷涌、心旌摇动的是李贺，他一反盛唐诗人的清新和谐，用密集的色彩意象，把自己的诗境变得绮丽诡异，光怪陆离。

着色，是绘画艺术的主要手段，也是文学艺术必要的表现手段。在元代，诗画一体，许多时候，诗已经成为画面上不可或缺的一部分，所以，诗和画较互影响，共同探求人的心灵境界。在艺术手法上便相互借鉴了许多。诗人萨都剌，同时也是书画高手。台北故宫博物院现在还保存着他的两幅画,《严陵钓台图》和《元萨都剌画梅雀轴》。诗画兼擅,色彩对于他而言就更是灵气飞动,可以以精湛的艺术画笔,铺陈色彩,借色传情,以情感化了的色彩,揭示人情事物的精神面貌,可以将色彩融于意境创造,寄寓内心情绪和审美意趣。

萨都剌的诗歌以清丽典雅著称,如一幅幅画卷,或萧散简远,或叠彩层见,风格的多样化,以及思想感情的丰富性,是历来杰出作家的共性,萨都剌也不例外,他用色彩缔造出了丰富的审美境界。

其色彩清纯、眉疏目爽的作品,飘逸脱俗,极具宋元山水画的神韵。《题淮安王氏小楼四首》就是这样:"江水粼粼鸭绿新,江头日日送行人。南来北去年年事,岸草汀花自在春。""拂晓楼窗一半开,楼前昨夜浪如雷,满江梅雨风吹散,无数青山渡水来。"满幅画面,青绿色主打,点缀上一点白色汀花,粼粼江水,旷达和恬淡便悉奔眼底。对文学家艺术家而言,色彩是颇具灵性的,它可以说话,可以把自己的心绪落到纸上。"文学作品中的色彩世界是作家创造的,这和自然界的色彩不一样。除了形态上和色彩的丰富性上存在着差异之外,主要是文学作品中的色彩具有作家审美的和情感上的意义。"①所以说，作家笔下的色彩并非直陈自然之色，而是加以选择。通过具体的描绘来抒发自己的感情，使色彩成为寄寓作家某种理性思考和情感内容的一种符号。使用色彩这种符号，来描绘有形的具体的事物或描述无形的抽象的观念。这是一种借色寄情的着色艺术。当萨都刺登山临水，心自高远，或者是谈佛论道，心中芜杂荡涤殆尽之时，他笔底的色彩一般是清纯明净的，以白、青、绿等色为主色调，营造出清幽阔大的境界来。"研珠滴露清，自点太玄经。尽日无人到，小窗兰叶青。"（《过紫薇庵访冯道士三首》）一窗青兰，空寂无人，山野的清气便扑面而来。"西湖西畔三天竺，古木苍藤望欲迷。"（《送镜中圆上人游钱塘》）全诗只有"古木苍藤"，别无旁色杂入。"晴日赤山湖水明，湖中山影一眉青。"（《同伯雨游凝神庵因观宋高宗赐蒲衣道士张达道白羽扇》）碧水湖中，青山倒映，整个一幅透着淡淡墨香的山水画。"雨阶幽草合，风径落花深。野水浮晴色，平田下夕阴。"（《登山亭》）零落的雨滴，绿色的幽草，风拂落红更显幽静，远离了俗世红尘。他还一味地用白色衬景，《春日镇阳柳溪道院》："柳花满地无人扫，隔水遥看是白云。"《云中过龙潭紫微

---

① 刘烜. 文艺创造心理学［M］. 长春：吉林教育出版社，1992.

观访道士不值》"一夜山中满林雪，客来无处觅梅花。"有的杂以一点红紫，红紫一般说是积极的色彩，用一点极有生命力的进取的态度更显境界宽广。《酌桂芳庭》："茶香石鼎烧红叶，酒渴冰盘破紫菱。一带钟山青未了，碧窗云气护龙亭。"茶、石鼎，还有青、紫和一点红，桂芳庭酌酒的闲雅之情，便呼之即出了。

当然，少数民族诗人具有绿色草原文化的特有气质和民族精神，萨都剌同他们一样，尤其喜欢用明快、鲜艳，甚至可以说是浓烈的描写色彩的词汇，深浅浓淡各别，轻重厚薄有异，大小远近不同，用五色光彩构筑了又一种审美境界。

《江南春次前韵》："江南四月春已无，黄酒白酪红樱株。吴姬小醉弄弦索，十指春雪如凝酥。……游鱼水浅出短蒲，谁家银箭飞金壶。"以江南四月的春末夏初为背景，点缀上黄、白、红、银、金色，色泽明丽，浓墨重彩，缭乱春愁也便觉得不再漫无边际。他还能巧妙地借用地名，为诗歌着色，渲染气氛，感染旁人，从中谈到兴奋、明朗与希望，如《紫溪道中》：

三月晦日春欲远，深林百鸟鸣间关。

绿云迷合紫溪岭，白雨遥挂乌石山。

山高雨落不到地，万壑千岩洒飞翠。

远人送春千里归，风拂蓝舆野花坠。

间关咫尺上青霄，海上三山路不遥。

地僻题诗公事少，芙蓉帐里紫云飘。

借用紫溪峪、乌石山，与绿相配，同白相对，还有千岩飞翠，五色野花，真是暮春三月紫溪道中春意热闹非凡，整首诗情浓采丽。

萨都剌钟爱那些明亮的色彩，他可以用最密集的笔墨把它们堆积在一起，肆意点染。"粉墙斑鸠啼绿树，白日紫燕穿珠帘。"（《席上次顾玉山韵》）"赤霞日烘紫玛瑙，白露夜滴青芙蓉。"（《游吴山紫阳庵》）"白马如云向西北，紫驼银瓮赐诸王。"（《上京即事》五首之二）"斑帘十二卷轻碧，秋水芙蓉隔画阑。"（《三益堂芙蓉》）

萨都剌更为高妙的是，他用简单的色彩就点染出大的场景：在他的《念奴娇·登石头城次东坡韵》中有一句话："蔽日旌旗，连云樯橹，白骨纷如雪。"用两种颜色：旌旗、白骨，就给我们勾勒出两个宏大的场面：战争爆发时旌旗遍野，战事声势浩大；战争结束后，白骨遍野，一片凄凉。看似信手拈来，实则巧夺天工。

他不仅用这些色彩来写景状物，而且也用它来塑造人物形象。《燕姬曲》："燕京女儿十六七，颜如花红眼如漆。兰香满路马尘飞，翠袖短鞭娇欲滴。"《京城春日》："燕姬白马青丝缰，短鞭窄袖银镫光。"他笔下的美有别于汉家女子的弱不禁风风姿绰约，另外呈现出一种英姿飒爽的美，娇艳欲滴。他《和韵三茆山呈张伯雨外史》描绘张伯雨也用了非常明艳的色彩："武华山人三载别，绿袍赤杖苍髯翁。"

色彩，已经成为萨都刺笔下驱遣得十分得心应手的不可或缺的一种表现手法，因而当它用于描绘图画时，就更不足为奇了，他在《终南进士行和李五峰题马麟画钟馗图》中这样描写钟馗："赤脚行天踏龙尾，偷得红莲出秋水。终南进士发指冠，绿袍束带乌靴宽，赤口淋漓吞鬼肝，铜声剥剥秋风酸。"马麟所画的钟馗有声有色突现纸上，即使不见原画，也可临摹尽致。《题四时宫人图》也是这样："紫宫风暖百花香，玉人端坐七宝床……背后一女冠乌帽，茶色宫袍皂色靴。""金盘玉瓮左右列，红桃碧藕冰雪凉。"

当然，谈论着色的表现艺术就不能不提到光。曹雪芹曾精辟地指出："明暗成于光，彩色别于光，远近浓淡，莫不因光而辨其殊异。""春燕之背，雄鸡之尾，墨蝶之翅，皆以受光闪动而成奇彩。"故而"敷彩之要，光居其首"①。古诗人早就注意到了这一点，所以把光色明暗调配得十分和谐优美，如王维《木兰柴》："秋山敛余照，飞鸟逐前侣。彩翠时分明，夕岚无处所。"夕阳中鸟翼岚影彩翠明灭变幻，赏人心悦人目，直胜画家一筹。萨都剌不让前人，光与影有着和谐的韵律："春水满湖芦苇青，鲤鱼吹浪水风腥。舟行未见初更月，一点渔灯落远汀。"(《夜过白马湖》)结句的"一点渔灯"，就将满湖碧水，青青芦苇，激起水花的鲤鱼全都笼罩在似有若无、昏黄明灭的灯光下，浅浅地又为景致着了一层光色，精妙绝伦，别有韵致。"凉风吹动梧桐叶，泻下泠泠露华白。"(《七夕后一夜乐陵台倚梧桐望月有怀御史李公艺》)秋月之下，翠绿梧桐树，蒙上一层难以察觉的白光，冲淡了梧桐色浓，衬托出清幽境界。"落日地中去，长江天际来。"(《同朱舜咨王伯循登金山妙高台》)一抹残阳涂染了一去天际的长江，"半江瑟瑟半江红"，不写色彩而光色自见。

"晴日赤山湖山明，湖中山影一眉青。"(《同伯雨游凝神庵因观宋高宗赐蒲衣道士张达道白羽扇》)湖光山色、青山绿水笼罩在一轮红日之下，明净亮丽，心旷神怡。诗人把难以状写的光影

---

① 见曹雪芹《废艺斋集稿》中。

写得流光溢彩，精妙非凡。

咏史诗歌的感伤美

进入唐代之前，咏史诗留存至今的只有 30 来位诗人的寥寥 50 多首作品，但汉魏六朝的咏史诗为后世确立了两种传统：一种是对历史材料"或缛其简，或节其余，就彼语结赞，无事溢词"①，也就是说，对史料进行增删加工而后入诗，近于用诗歌来叙事，比如班固叙述史实的《咏史》诗；一种则是"己有怀抱，借古人事以抒写之"②，以历史作为寄托主观情感的对象，这一类以左思的《咏史》八首为代表，其实咏怀，抒情特质十分明显。后世的咏史诗基本上走的就是这一条路。有人说，中国的咏史诗在西方找不到相对应的体裁，恐怕指的也就是它的这一特质。咏史诗是文与史融会的产物，几乎每一个传统的中国文人，都可能是一个历史学家，而几乎没有哪一个国家像中国一样，诗歌在生活中起那么重要的作用。这是历史意识与诗情对中国人心灵的双重渗

---

① 见民国二十二年上海太平洋书局铅印本王夫之《船山遗书》中《古诗评选》卷四。

② 见沈德潜《说诗晬语》卷下，收于上海古籍出版社1998年出版的《清诗话》下册。

透的直接结果。

咏史诗歌，经过唐代大发展之后，它已成为此之后许多文人诗歌创作中不可缺少的一种体裁。特别是个人襟抱难展、偃蹇困顿之际，它是文人别书怀抱的一种方式。

这种方式，萨都剌也需要。一方面，他生活的时代，忧患深重。动荡如魏晋、中晚唐、两宋之际，宋末元季、明末清初咏史诗歌的数量比承平时代更多，大多数咏史佳作也产生在"世乱浇离"的不幸岁月。今天流动的现实也正在不断成为历史。在封建社会，现实悲剧往往是历史悲剧在不同层次上、不同程度的重演。所以现实人生的种种现象总能勾起人们回首历史的欲望，并希望从中探寻盛衰荣辱之理。另一方面，襟抱难展、偃蹇困顿几乎是那个时代诗人们的共同命运，萨都剌也是一样：略一回首，历史人物，特别是充满悲剧色彩的历史人物就纷至沓来，不由升起一种沧桑之感。"历史"这一特殊的表现对象，与"今天"形成了距离，却又紧紧维系它的昨天，人们愿意借它参悟人生，抒发感伤，或者以史为鉴。作为少数民族诗人，萨都剌也具备了创作咏史诗歌的两种素养：一种，他和传统的汉族文人一样，对我国的历史非常熟悉；另一种，诗歌是他生活中不可或缺的一部分，已经融入生命，他的诗歌素养已经让他足够娴熟地使用诗歌技巧。

对生活在 13 世纪中叶到 14 世纪中叶的中国人来讲，元代是一个充满悲怆的时代。与时代主题相契合，元代诗人的咏史诗、咏史散曲充满了浓烈的虚无情绪，对前途茫然无措。从往昔陈迹中所得到的结论屡屡是幻灭后的无奈："三国鼎分牛继马，兴，也任他，亡，也任他。"（陈草庵《山坡羊·叹世》）千古兴亡，百年悲欢，游走在笔底，都成了无可奈何的伤心怀抱。

我们已经注意到这样一种现象：在国运乖蹇的末世，诗人注意力很少集中在开国君主的赫赫功业、清平治世的炎炎盛况上，而是把忧虑的目光投射到灯焰昏昏的衰世，或是以失败告终的末路英雄，高才远志却终身偃蹇的憔悴文士，以色事人、结局凄惨的薄命女子。悲剧的时代，容易产生悲哀的诗人，所以萨都剌的怀古诗弥漫着一种浓郁沉重的感伤情绪（仅指其怀古诗歌而言）。

萨都剌的咏史诗承接左思传统，其意图不在准确也叙述历史，而主要是负载自己观照历史时的情感意绪。这种情绪基本上是统一的，贯穿了"回首歌舞繁华地，景阳宫沼夜闻蛙"（《过孙虎臣园》）的无奈，世事如幻、物是人非，"风流总被雨打风吹去"的意绪统摄了他的咏史诗。

萨都剌咏史绝少以议论入诗，他从不用概念表述对历史的见解，也很少回顾昔日繁华，常常是描绘历史圣地的自然风物，抒发自己的情感。

他常常跨越时空，直接表露这种感伤，甚至有时候是以淡化感伤的手法来表达这种感伤。《彭城杂咏呈廉公亮佥事七首》就是这样，他没有营造太过悲恸的意境，只轻轻浅浅寄意自己的情感于不知世事的一只鸟，或者是一个不解怀古的人，或者是一抹月色。

"亚父冢前春草齐，楚王城上夕阳低。黄莺不解兴亡事，飞过海棠枝上啼。"笔触是漫不经心的，似乎也不愿提起亚父、楚王的前尘旧事，他只提及亚父冢前的春草，与楚王城上的夕阳，但一只不谙世事的黄莺，无视世事的变幻，依然自在啼叫，一下子便给亚父、楚王的悲剧增添了分量，真是时光无情，"消磨尽，几英雄"。

"城下黄河去不回，四山依旧翠屏开。无人会得登临意，独上将军戏马台。"河还是那条河，山依旧是那座山，只是将军台上"无人会得登临意"给悲剧罩上了色彩。

"雪白杨花拍马头，行人春尽过徐州。夜深一片城头月，曾照张家燕子楼。"如果没有最后一句，三月里的杨花，月色是怡人心意的，最后一句一出现张良这个历史人物，月色依然，英雄不再，怅惘、失落，甚至是一种痛苦便迷漫开来。

一切都淡淡的，越是淡化往事，往事越发纷至沓来，越是淡化痛苦，痛苦便越是坚决地滞留。他把轻轻的叹息，化作了恒久的忧伤，流淌、流淌。

《次韵登凌歊台》：

> 山势如龙去复回，闲云野望护重台。
>
> 离宫夜有月高下，辇路日无人往来。
>
> 春色不随亡国尽，野花只作旧时开。
>
> 断碑衰草荒烟里，风雨年年上绿苔。

宋武帝刘裕是南朝宋的开国皇帝，在黄山上筑有离宫凌歊、怀古二台：刘裕"清简寡欲""后庭无纨绮丝竹之音。"（据《南史》）所以作者也不渲染昔日繁华，只选择一些充满王气的景致，闲云重台，离宫夜月，辇路无人，断碑衰草荒烟，目下所及，不见丝毫王气，只有野花依旧，风雨依旧。一个也算是小有功勋的英雄，一个也不是穷奢极欲的皇帝，最终也是淹没在盛衰百变中。特别是最后一联，诗人把笔墨集中在凌歊台的断碑之上，把现实的景和怀古的情更集中地表现出来，使这首诗具有了极丰富的历史内涵。"断碑衰草荒烟里，风雨年年上绿苔。"古人建碑，无非是记事、记功，以期万世流芳。如今却断裂在荒烟衰草之中，在年年不断的风风雨雨中，人们已不再关注它，它被忘怀了，冷落了，只有绿苔年年去亲近它。诗人最后在断碑上，在星星斑斑的绿苔中，戛然顿住了诗笔。黄山上凌歊台的多少景观，消失在历史深处。作者没有对历史品评什么，但对历史的深思却都包孕其中。断碑风雨里，升腾起凄恻的如雾霭般的感伤情绪，"流水落花春去也"，一腔无奈。

萨都剌的咏史诗，主观色彩由沉重的感伤与冷峻的理性复合构成。在感伤情绪层下流动着诗人对历史的沉思，思索给了感伤一种力度，赋予其深沉的特色。只是诗人的这种理性思索，表现为一种"具象的思考"：在饱蕴感伤之情的历史意象中表露作者的认识和判断，并不以议论入诗。

对历史的沉思给诗歌的感伤基调增加了力度，使其不再是一种愁情哀绪，而成为对历史悲剧的深沉慨叹。

诗人萨都剌以深沉的目光观照历史，在诗中也屡屡表现对历史的认识，只是这种表现多为紧扣抒情特点的"具象的思考"，他书写金陵的两首诗很好地表现了这一点：

《秋日登石头城》：

登临未惜马蹄遥，古寺秋高万木凋。

废馆尚传陈后主，断碑犹载晋南朝。

年深辇路埋花径，雨坏山墙出翠翘。

六代兴亡在何许？石头依旧打寒潮。

《送友人之金陵》：

江城积雨开新霁，行李萧萧去远坰。

千古风流鬓毛白，六朝山色马头青。

秦淮月出潮初上，萧寺钟鸣酒半醒。

莫唱当时后庭曲，殿台芳草夜飞萤。

金陵胜地，六朝古都，记载了多少覆辙相继、悲恨相续的历史悲剧，教训自然十分沉重，只是，作者没有明白地说出什么，他只是让寒潮拍打旧城，只是让废馆再飞流萤，诉说废馆的故事、后庭的遗曲，寄予了对六朝历史的评判。

萨都剌总是带着当代的困惑去思考历史，所以他这种忧伤就来得敏锐一些，有时候，情感比较直切。《登歌风台》末尾就有这样几句话，"台前老人泪如雨，为言不独汉高祖。古来此事无不然，稍稍升平忘险阻。荒凉古墓依高台，前人已矣今人哀。"带着现实的痛，就是回首汉朝的开国皇帝，萨都剌都是选取了他悲剧的一面，这样的历史教训前朝已经上演了，但前车总不能为鉴，后朝依然要重蹈覆辙。我们注意到了，萨都剌悲切的不是"曾笑陈家歌玉树，却随后主看琼花"（吴融《隋堤》见《全唐诗》）式的亡国悲哀，而是注目到王朝内部争斗埋下的祸根。有元一代，内部的纷争从未停止，诗中跃动着诗人多少难以明言的现实怆痛啊！写不尽那一种忧伤。

萨都剌咏史诗中流淌着忧伤，没有壮怀激烈的气势，只是用夕阳衰草、荒阡野烟、废馆辇路、断碑残垣这样衰飒凋残的意象寄托历史的感伤。所以他的咏史诗无"爆发式"的情感表现，多是"弥散式"的情绪渗透。用江雨、春草、啼鸟、夜月等构成凄迷的意境，表达自己的怅惘和哀伤。正是以自己的深婉、凄恻打动了后人的心。

有元一代的时代氛围是诗人创作的心理基础，浓重的感伤源于悲哀的心灵，泪水的滋养孕育了入骨的沉哀，这是一个时代的悲伤，同样是咏史，我们在盛唐时代听到的是对历史变迁的慨叹，就是满襟泪水（比如"出师未捷身先死，长使英雄泪满襟"）也掩不住一股昂扬的气势。在元代，萨都剌的咏史诗歌却是低回凄迷、漫无边际的一声长叹。

优美和壮美的融合

其实，优美与壮美也就是我们传统文论中所讲的阳刚美和阴柔美。萨都剌"以北方之裔而入中华，日弄柔翰，遂成南国名家"①。北方的血液，南国的经历，再加上中华文化，涵养了萨都剌诗歌优美、壮美及其融合的独特审美风格。

形成他独特审美风格的原因约略有以下几点：第一，辽阔的疆土为他以至于一大批少数民族作家提供了风格不同的美的现实，反映到作品中就有了不同的艺术风格。元代是回族的形成期，整个民族都处于大迁徙、大运动之中，张廷玉《明史》记载，元代时回族人遍布天下，大多由北至南移动，因而他们熟悉粗犷开阔、雄深壮美的北方风景，同时也体验着"杏花春雨江南"的鸟语花香，一路吹来，表现不同风情，自然就呈现出壮美、优美的相异风格。第二，爱学习、爱探索、爱创新的民族性格，涵养了他的文学风格。先前我们已提到，回族是一个十分重视教育的民族，文化水平很高。萨都剌亦有先民的优良传统，在

---

① 见萨都剌《雁门集》毛晋本的序跋。

诗歌创作上转益多师，有人认为似长吉，像李白，还有李商隐、杜牧的影子，他自己的诗中也常常表达出对谢朓、李白、苏轼、辛弃疾等诗人的仰慕。他不只学习文人诗，也学民歌，活写活用，富有创造，因而其诗作不拘一格，天然去雕饰。第三，时代风云与民族心理的交互影响。蒙古族是一个尚武的民族，马蹄声声，冲天厮杀中建立了中华民族第一个由少数民族掌握政权的国家。他们文化程度很低，一切问题都交由刀枪解决，一时间社会上尚武成风。一方面，蒙古人数量少，回族军队是追随其东征西讨的主力军，因而回族人的政治地位也很高，政治地位和金戈铁马的经历使他们有建功立业的雄心壮志，溢于言表自然会慷慨豪放；另一方面，回族人随遇而安，从不会过分追求功名利禄，并且，他们一直在追求从肉体到心灵的洁净，所以，其诗风又多冲淡清雅的优美。萨都剌概莫能外。

优美属我们传统文论中的"阴柔美"的范畴，"阴柔之美则是指一种柔和悠远、温婉幽深、细流涓涓、纤浓明丽之美"[1]。也就是严羽笔下"优游不迫"之美，在萨都剌笔下，这种优美的风格常常表现为冲淡幽远、含蓄温婉、清新流丽的特色。

---

① 张少康.中国古代文学创作论［M］.北京：北京大学出版社，1983.

冲淡幽远

文学艺术的审美趣味，发展至唐宋，已经"不是荒蛮、狞厉（远古），不是粗犷、绚丽（先秦），不是厚重、华贵（西汉），不是玄妙、绮靡（魏晋），也不是雄强、博大（盛唐）"①。而是淡雅、平远，"同样，不是人鬼（远古）、不是人际（先秦）、不是人事（两汉）、不是人才（魏晋）、也不是人力（盛唐），而是人心，即心境与意趣，成为中唐以后文艺创作冲动之本源"②。呈现在文学作品中，其美学风格就具有了宗教、哲学般的幽闲静美、恬淡微妙。

正如我们在"仕与隐"一节中提到的一样，古代的儒家知识分子用儒教与佛道一起构筑起进可攻、退可守的互补型心理结构，他们崇佛好道，不在于真的是一种寄托精神的宗教向往，也不是真的要成佛成仙，而是追求一种淡泊、宁远的情趣，透彻了悟的心境，求得心理上的补偿。正如其在耕读宦游之余，不免寄情于琴棋书画之中一样，佛道精神也往往表现为他们精神生活中一种特殊的审美追求。

这种追求表现在诗歌中，就释放着一种淡泊幽远的美学光

① 邓晓芒，易中天.黄与蓝的交响［M］.北京：人民文学出版社，1999.
② 同上.

泽。萨都剌诗歌中，这种慕道向佛、渴望自由、渴望归隐山水的诗篇占有不少比重。这类诗歌大多描绘山川风物、古刹钟声，诗境笼罩着超然闲适、淡泊疏放的气氛。

《偶题清凉境界》：

> 今日清凉境，明朝剑水心。
>
> 酒堪消客况，泉可洗尘襟。
>
> 佛古荒苔藓，林深繁绿荫。
>
> 樵歌山路晚，余兴付归禽。

《送镜中圆上人游钱塘》：

> 西湖西畔三天竺，古木苍藤望欲迷。
>
> 遥忆道人禅榻夜，月高霜落听猿啼。

《纳凉》：

> 桂枝叶密阴覆地，栀子花开香满廊。
>
> 古寺纳凉过半日，葛衣石枕竹方床。

在这样的诗里，我们见不到一丝一毫的经营功名、留恋利禄的喜悦和苦恼，也见不到"国事、家事、天下事，事事关心"的执着，专心致志地吟歌与世无争、逍遥自得的生活理想，歌吟心游物外、怡然自得、与造化同乐的玄妙与潇洒。一洗尘襟，古佛深林，一路樵歌，山明水净，多么高远清幽的境界，置身于这样的况味中，夫复何求？就是夏日纳凉，也是枝繁叶茂，花香满廊，葛衣、石枕、竹床，另是一番简朴的美，超绝欲念，纯乎自然的淡雅、和谐。

除了传统文人心理补偿的作用外，萨都剌诗歌的冲淡之美与他喜与释老往来也不无关系。释老之辈，与世无争，远离政治，乐山乐水，其清净淡泊之情趣已深深植入萨都剌的血液，他甚至很向往神仙的生活："天际三峰翠色浮，更于何处觅瀛洲。也知方外神仙乐，不识人间儿女愁。……挂冠何日寻高隐，竹杖芒鞋绝顶游。"（《游茅山二首》）另外，回族淡泊名利、追求来生的思想也深深影响了他。

含蓄温婉

含蓄温婉、典雅绮丽的美学特征，在萨都剌诗中多见于描写女性生活的艳体词和描写宫中生活的乐府诗，这些乐府诗追步李商隐，以情思深婉、文词绮丽著称，诗风趋于典雅。比如《凌波曲》《蕊珠曲》等。

杨维桢曾说："宫词，诗家之大香奁也，不许村学究语。为本朝宫词者多矣，或拘于用典故，又或拘于用国语，皆损诗体。天历间余同年萨天锡善为宫词。"[1] 又在《竹枝词序》中进一步说明："天锡诗风流俊爽，修本朝家范，《宫词》及《芙蓉曲》，虽王建、张籍无以过矣。"还有《燕姬曲》《杨花曲》等诗，含蓄蕴藉，深为诗家称道。我们举杨维桢特别提到的《芙蓉曲》来看：

秋江渺渺芙蓉芳，秋江女儿将断肠。

绛袍春浅护云暖，翠袖日暮迎风凉。

鲤鱼吹浪江波白，霜落洞庭飞木叶。

荡舟何处采莲人，爱惜芙蓉好颜色。

有人从诗中读到的只是一个临江而伫立的思妇形象，感情深挚，笔致委婉；有人读到的是细腻的洞庭秋色，韵味堪掬；有人能读到蕴藏于中的作者怀才不遇、漂泊江湖的心情。不管读到什

---

[1]　出自杨维桢《宫词十二首序》。

么，这首诗意象凝聚、含蓄蕴藉、典雅绮丽是共同能感受到的，似无意而实有意，有所思而无所怨，深得李商隐笔法，含义颇丰，特别是诗中二句"鲤鱼吹浪江波白，霜落洞庭飞木叶"，含而不露，给人以丰富的想象。

让人大异其趣的是他的宫词，宫词是"诗家之大香奁"，把握不到位，极易堕入文人恶趣，流于下流，旨趣不高。但萨都剌一反浓艳与脂粉，写得含蓄典雅又不失绮丽，有浓郁的抒情意味，又寄予了对深宫妇女的无限同情。《四时宫词》：

> 悄悄深宫不见人，倚门惟有石麒麟。
> 芙蓉帐冷愁长夜，翡翠帘垂隔小春。
> 天远难通青鸟信，瓦寒欲动白龙鳞。
> 夜深怕有羊车到，自起笼灯照雪尘。

寂寞长夜，一个笼灯望幸的宫女，一种幽怨、濒于绝望的心理，游弋在清词丽句中，除了那一辆羊车外，我们竟不能闻到宫中惯有的浓香味道，也见不到宫女的娇慵艳丽。"怕有羊车到"后面连接的是漫无边际的等待，蕴含着宫女无尽的哀伤和宫中万千性命系于一人的所有哀伤。谓之"别开生面"并不为过。

萨都剌对宫词的这种特别处理方法，大约和回族人信奉的《古兰经》远离女人的教义不无关系。

清新流丽

萨都剌大部分时间是生活在江南的，越过高山旷壤，耳听潺潺溪流，江南山水的明丽清新哺育出其诗歌的清新与率真，描写江南风光的诗篇与江南风景一样，一片明媚，让人心动。

《过嘉兴》就描绘了一幅"画图难足"堪与"三秋桂子，十里荷花"媲美的江南风光：

> 三山云海几千里，十幅蒲帆挂烟水。
>
> 吴中过客莫思家，江南画船如屋里。
>
> 芦芽短短穿碧纱，船头鲤鱼吹浪花。
>
> 吴姬荡桨入城去，细雨小寒声绿纱。
>
> 我歌水调无人续，江上月凉吹紫竹。
>
> 春风一曲鹧鸪词，花落莺啼满城绿。

这不仅仅是一幅色彩明快的江南山水画，而且在诗中注入动态的船舶，还有悦耳的声音，整个画幅是立体的，又是流动的。

　　萨都刺的《雁门集》中诸如此类的诗不在少数，他总能以独到的诗笔，捕捉生活中的旖旎，用语言绘就一幅一幅清新流丽的画面：

　　　　杨花点点冲帆过，燕子双双掠水飞。

　　　　淮上渔人闲不得，船头对结绿蓑衣。

　　　　　　　　　　　　　　　　（《渡淮即事》）

　　　　鱼虾泼泼初出网，梅杏青青已著枝。

　　　　满树嫩青春雨歇，行人四月过淮时。

　　　　　　　　　　　　　　　（《初夏淮安道中》）

　　　　岭南春早不见雪，腊月街头听卖花。

　　　　海国人家除夕近，满城微雨湿山茶。

　　　　　　　　　　　　　　　　（《闽城岁暮》）

　　萨都刺的语言十分简洁明快，这类诗中又极少驱遣典故，他只是把握江南生活中最为动人的瞬间，直率地陈述着自然之美，自然界的美本身就是一首诗，他只需记录这一刻山川的秀美温柔，晶莹剔透，无怪乎作者深情感慨"行遍江南都是诗"了。也无怪乎虞集读到萨都刺的诗时，拍案而起，"忽见新诗实失惊"了^①。

在《清江集序》中，虞集这样评价萨都剌："进士萨天锡者，最长于情，流丽清婉，作者皆爱之。"萨都剌留恋江南之时，江南民歌给了他很大的影响，其作品以"曲""怨""乐""行"命名的诗作颇多，如《芙蓉曲》《征妇怨》《江南乐》《醉歌行》等，大多取自汉乐府的民歌形式，形成浅近自然、简率真纯的特色。

"江南乐，春水红桥满城郭，出门不用金马络，门前画船如画阁……"不由人想起《西洲曲》里的句子，鱼戏莲叶，清新明丽。

还有《江南怨》："江南怨，生男远游生女贱，十三画得蛾眉成，十五新妆识郎面……"与李白《长干行》同出一辙，全用市井俚语，又如江浙童谣，天然真纯，了无雕饰，颇具"粗服乱头，不掩国色"的自然风韵。难怪顾嗣立在《寒厅诗话》中惊呼萨都剌的诗真能"于虞、杨、范、揭之外别开生面"。

《卜算子·泊吴江夜见孤雁》："明月丽长空，水净秋宵永。悄无乌鹊向南飞……"等词，也于他词作的雄放豪迈中别开生面，才气横陈，笔情直逼宋人明丽清雅的风致。

---

① 见民国时期中华书局版虞集《道园学古录·赠萨都剌进士》。

　　萨都剌诗歌的优美，已如澹荡春风，拂遍读者的心头。任何一个堪称伟大的作家，都应是"诸体皆备"的，一个由南入北的作家，一个少数民族诗人，总难以掩饰其血液中流淌的几分豪气，因而在优美之外，又呈现出另一种风格的壮美。

　　壮美，在我国传统文论上属于阳刚美。"阳刚之美指的是一种雄伟壮阔，崇高庄严，汹涌澎湃，刚劲有力的美。"①严羽称之为"沉着痛快"。身为北人，多慷慨豪壮之气，北方文学就呈现着"沉着痛快"的壮美。对元代回族诗人而言，他们独特的经历，让他们的创作常常表现为"优游不迫"的闲适和秀美，但沉潜在血液中的强悍和旷放，即使在江南的温柔之中也不时崭露头角，时常表现为激昂豪迈、雄放典重、奇崛荒怪和旷达俊逸的审美特征。

激昂豪迈

　　萨都剌或经商，或做官，"舍弓马而事诗书"，但本质上烙印了草原文化精神，昂扬豪放，自有一种野性的天然的胆气与豪情。

　　他不只一次地把建功立业、横刀立马的渴望形之于诗：《寒夜闻角》："……野人一夜梦入塞，走马手提铁节鞭。髑髅饮酒

---

　　①　张少康．中国古代文学创作论［M］．北京：北京大学出版社，1983．

雪一丈，壮士起舞毡帐前。五更梦醒气如虎，将军何人知在边。"这是他梦中的生活，一切都不是苦心经营的斟词酌句，一切似乎是冲口而出，他用自己最为熟悉的意象，创造出了别具风味的边塞生涯，何等痛快淋漓，天然到极致。罗列这些意象，颇具民族特点：边塞、战马、铁节鞭、髑髅饮酒、毡帐、壮士、将军，这是汉族边塞诗人不曾做过的梦，个中透露的除了干云的豪气，便是磊落昂扬的精神状态。也许，他在诗中缺乏盛唐时代充溢的少年的快乐，但在气势上绝对可以比肩盛唐诗歌的豪迈了。

他这样简洁地表达他的万丈豪情，不经意间就流露出他奔放的情怀，落笔的诗歌倍显自然直白："邺中健儿筋力强，豪气不减关云长。挥戈叱咤阵云黑，酣风白昼吹日黄。……"似乎在盛唐的李白那里，才可以这样说话间就信手拈来口语化的字眼，表现出一种天然的豪情。看来，胡应麟《诗薮》的评价实在是恰切的："天锡诵法青莲，如'海瘴连云起，江潮入市流'，'故庐南雪下，短褐北风前'，'夜卧千峰月，朝餐五色霞'，'朔风吹野草，寒日下边城'。句格宏整，在大历、元和间殊不可多得也。"萨诗中流露出对李白、苏轼、辛弃疾等豪放派诗人的倾慕，这些人的创造对他的影响也是很大的。

雄放典重

这是他的另一个壮美的特征。如《南台月》："……无诸城里人如海，无诸故冢埋残霭。无诸台上草离离，龙去台空三千载。昔龙已去江悠悠，今龙虽在人未求。怀珠岂立此台下，要上黄金台上钩。乾坤四顾渺空阔，诗书亢气行勃勃。合沙古谶此其时，天下英雄求一决。南台月照男儿面，不照男儿心与肝。燕山买骏金万斛，万里西风一剑寒。"这里连用排句从城内、故冢、空台到生人、死魄、活景等多角度抒写，顺势由城中而郊外，自台上而台下，从存台到昔龙，而今龙而怀珠，写龙至于写人乃至于写书写剑，从纷纷人世推及渺茫乾坤，取山川形胜导向英雄怀志，这字字句句，起起落落，错错杂杂，腾折挪移，是丈夫心志，英雄胆气贯彻其中，举凡诸端俱自古今感慨道出，一股雄浑典重气象弥漫于诗，读来承受着强劲的艺术感染力。

天锡词留存不多，但其主调雄放壮阔，艺术成就更高于诗，其词气势雄浑道劲，思风如流，用笔畅达而不拘韵律。隶事用典，如冰释水，了无迹痕。又善用翻腾曲折对比映衬之法，常见新意，使意态腾宕多姿而又矫健变化挥洒自如。《满江红·金陵怀古》最是典型："六代繁华，春去也，更无消息。空怅望，山川形胜，已非畴昔。王谢堂前新燕子，乌衣巷口曾相识。听夜深，寂寞打空城，春潮急。　思往事，愁如织。怀故国，空陈迹。但荒烟衰草，乱鸦斜日。玉树歌残秋露冷，胭脂井坏寒蛩泣。到如今、只有蒋山青、秦淮碧。"开笔劈空一句飞来，"六代繁华"作为领起。"六代"是时代总绾，"繁华"乃场景总括，这里时空交并，力挽千钧，起首深沉豪迈之气直贯篇末，与词末萧条景象相映。又以"更无消息"作穿珠金线，上贯"六代繁华"，再加"春去也"作总揽历代的结果，致使全词就有雄强的吊古思今、慷慨多气、叹惜感伤的主旋律。后文直注而下，或交织时空，或对比古今，或从抒情与写景、眼前与回瞻来步步铺陈。描绘山川形胜"已非畴昔"的壮阔场景，既拈来典故"王谢堂前新燕子，乌衣巷口曾相识"作突出渲染，又托出"听夜深，寂寞打空城，春潮急"，愈见空虚的一派寥落来作沉重烘托。全词曲折往复，变幻跌宕，又自然融化前人胜句、精警典故，而使磊落襟怀、旷达情志、雄豪气概跃然纸上，因之达到很高的艺术境界。又《百字令·登石头城》发调即气势轩昂、出语卓绝："石头城上，望天低吴楚，眼空无物"，一"低"一"空"即突现出沉郁寥廓氛围，下文指点江山，历数史实，怀想往古，发抒胜慨，挥挥洒洒，迤逦行来，使全词充满恢宏阔大雄强苍劲的气势。在

驱策景物、凭吊遗址、论古道今、纵横驰骋时，更生发宇宙长
存、人生有限、岁月无多的历史慨叹和人生感悟，意蕴遂越加深
化，读来回肠荡气，感人至深，铸就了豪放雄健意气超迈的鲜明
风格。

奇崛荒怪

　　萨都剌诗歌的壮美还体现为奇崛荒怪。比如《黯淡滩歌》《终
南进士行和李五峰题马麟画钟馗图》《度岭舆至崇安命棹建溪》，
他能以吞吐天地的魄力，驾驭大自然的壮阔，把滩、画、山都写
得眼花缭乱，心动神摇。其中以《终南进士行和李五峰题马麟画
钟馗图》诗风最似李贺：

　　"老日无光霹雾死，玉殿啾啾叫阴鬼。赤脚行天踏龙尾，偷
得红莲出秋水。终南进士发指冠，绿袍束带乌靴宽。赤口淋漓吞
鬼肝，铜声剥剥秋风酸。大鬼跳梁小鬼哭，猪龙饥嚼黄金屋。至
今怒气犹未消，髯戟参差努双目。"光怪陆离、夺人眼目的各种
色彩，异彩纷呈，"鲸呿鳌掷"[1]，"牛鬼蛇神"[2]都可入诗，怪怪奇
奇，显示"虚荒诞幻"[3]的风格。

---

　　[1][2][3]　均见杜牧《李长吉歌诗叙》。

《黯淡滩歌》："长滩乱石如叠齿，前后行船如附蚁，逆湍冲激若登天，性命斯须薄如纸。……"黯淡滩位于福建省闽江上游，滩流湍急，滩石廉利，诗中运用奇异的夸张，顺逆的对比，玄妙的哲理，洒脱的格调，写出船过滩头的艰难险阻，表现了一种达观自若的人生态度。是为李贺笔法。明代潘是仁本序《雁门集》说萨都剌"文心绣腑，绰有风华。为诗声色相兼，奇正互出，无长吉之奇彩，有长吉之高格。雅溯中原迭代之人，不多得也"。殊非溢美之词。

萨都剌还有一种诗，旷达俊逸，绝类苏轼诗风。《中秋月夜泛舟于金陵石头城》："秦淮流水西复东，倒涵天影磨青铜。飞廉扫空出海月，明珠飞入琉璃宫。著我扁舟二三友，江山雪槎泛斗牛。笑语人间两岸灯，进君江上一尊酒。醉来起舞听浩歌，宛如玉树春风和。世间乐事古来少，天下明月今夕多。六代江山自潇洒，潮落潮生石城下。人生得意当欢游，此月此水年年秋。"豪放不羁，洒脱飘逸，激情奔涌，挥洒绝俗，一种孤高清幽的精神境界，让人想起唐代李白的旷达与脱俗，《水龙吟·赠友》："出门万里，掀髯一笑，青山无数。"高古、飘逸出尘、谈笑自如，一如宋代名士苏轼。

遍观萨都剌风格各异的诗，可见其绵绵不绝地吸收汉民族文化精华的执着，他的诗有的如陶渊明那样冲淡幽远，有的像李商隐那样含蓄蕴藉，还有温庭筠那样的旖旎艳丽，有李白的豪放，杜甫的典重，李贺的奇崛，苏轼的旷达，诸体具备，风格多样，堪称有元诗坛的佼佼者。

但是，不管优美也好，壮美也好，前人早已有之，萨都剌总是站在前人的肩膀上攀登，再开境界。他真正对元代诗坛的贡献，不在于承袭前人的，而在于将北方文学的清俊刚健与南方文学的绮丽柔媚结合起来，"清而不佻，丽而不缛"，自成一家。

这首先表现在他对女性的描写上。萨诗以宗唐为主，但在女性的描写上，他一反唐人以娇慵、艳丽为女性美的追求，也不是荷锄的健妇，呈现出一种健康的娇美，刚柔相济的特征十分明显。比如《燕姬曲》中的燕姬："燕京女儿十六七，颜如花红眼如漆。兰香满路马尘飞，翠袖短鞭娇欲滴……"鞭马扬尘的一个北国美人形象，既有南方女子的娇美，又有北方女子的飒爽，另是一番景致，有草原的清新气息扑面而来。他还在诗中具体地写到这种健美："燕姬白马青丝韁，短鞭窄袖银镫光"（《京城春日》），于弱女与健妇之间觅到了另一种形态的美，这也是元代民族融合的产物。

其次，优美壮美的融合之美还表现在他对山水风物的描绘上。他在描绘江南风光的时候，常常糅合进北国的意境，如《元统乙亥奉命入闽过建德道中》："泉作溪声石作桥，桑麻成垄接东饶。鸡鸣犬吠人家近，水转峰回驿路遥。虎啸树林风猎猎，人行弓箭马萧萧。多情一片吴天月，夜夜相随伴寂寥。"既有江南的溪水石桥，又有道中的虎啸马鸣，柔中含刚。又如《练湖曲》于江南的妩媚中又有茫茫阔大的境界："清波小藻出银鱼，落日吴山秋欲滴。望湖楼上云茫茫，鸟飞不尽青天长。"

萨都刺更为让人称道的是，他描写大漠风光，洋溢民族情趣的"边塞诗"，"清新绮丽，自成一家"。在他的笔下，边塞一改往昔的荒凉绝漠，"平沙莽莽黄入天""随风满地石乱走"（岑参《走马川行奉送封大夫出师西征》），也没有"少妇城南欲断肠，征人蓟北空回首"（高适《燕歌行》）的凄清悱恻，而是用婉丽之笔状写出令人意惹情牵的塞北风光："牛羊散漫落日下，野草生香乳酪甜，卷地朔风沙似雪，家家行帐下毡帘。"（《上京即事五首》之三）"散漫"写出牛羊怡然自得，笼罩在落日下，好一幅悠闲的风景，我们还闻到了野草的香味，尝到了乳酪的甘甜，即使是卷地朔风扬起的沙尘，也被赋予了雪的美称，特别是一家一家的行帐，一幅一幅的毡帘，给了大草原以家的归属，这一切的迷人风光，全是因为有了家的皈依感觉，才有了朝朝与暮暮的牵念，行遍江南也难解。

《上京杂咏》《上京即事》就是这方面的代表。

最后，优壮美融合的特色还体现在萨都剌的一些书怀的作品中。如《晓起》"乌鸦哑哑霜树晴，纸窗泼眼春雪明。野人卧病睡方起，官街踏踏闻马行。矮窗小户坐终日，煮茶绕坐松风生。明朝呼儿刷骏马，出门一笑青天横。"病起之时，煮茶小坐，听官街踏踏马蹄之声，豪情陡生，最终还是难忘他的弓马情怀。

（节选自李新涛《元代诗人萨都剌研究》）

后　记

编辑的所有图书，在拿到印制好的成品时，心里总是忐忑的，怯于翻看，害怕翻开之后依然会看到遗憾。

写作也是如此，只是有的遗憾早就知道却难以避免。

设计这本书的时候，有两个内容是我很看重的，一是语言文字的疗愈功能，二是社科论文的行文风格，但最终全都舍弃了。有的因为概念的界定考虑不成熟，有的因为结构的局限，只能忍痛割爱。

如同所有的文化产品一样，尽管诸多遗憾，但依然是感恩更多。

感谢那些创造了许多美的语言的一代一代的前辈们，他们的经典文字流传千年，温暖了我们的心灵。感谢那些一直传承和探索语言之美的现当代的创作者和文字工作者，他们让经典得以延续。

感谢那些致力于语言学、美学、心理学等诸多领域的研究者，他们的研究开阔了我们的思路，让我们能从更多维度体会这种语言带来的美好。

感谢和我分享信息、疑义相析的朋友，他们有的只是不知名的网友，有的也是我生活中的朋友。有他们，我才有了奇文共欣赏的乐趣。还要感谢本书编辑孙武斌、高星河提出的诸多建议以及给予的大力支持。

感谢我的家人为我创造的写作空间，还有大姑姐，在我写作期间承担起全部的家务。

真诚感谢我的各级领导，为本书的出版提供了最大限度的支持。

当然，最应该感谢的还是我的母亲，母亲一生雅好文字，是母亲对阅读的热爱直接影响了我，也是母亲在书籍贫乏的年代为数不少的藏书点亮了我的童年，陪伴了我的成长，让我爱上文字，感受到了语言的美好。

感谢所有的爱与支持！

李新奇

2022 年 3 月